Der Autor
Ota Filip, geboren 1930 in Mährisch-Ostrau, arbeitete nach Abitur und Studium der Journalistik in der Tschechoslowakei als Redakteur in verschiedenen Zeitungen und im Rundfunk, ab 1960 bis Ende 1967 als Hilfsarbeiter. In dieser Zeit begann er aus Langeweile den Roman »Café an der Straße zum Friedhof« zu schreiben, wofür er 1967 den Großen Preis der Stadt Ostrau erhielt.
Ab 1. 1. 1967 Verlagslektor. Ein Jahr nach der Okkupation des Landes wurde er wegen »Unterwühlung der sozialistischen Gesellschaft« verurteilt und saß 14 Monate im Gefängnis. 1974 wurde er mit seiner Familie ausgebürgert und lebt seitdem in Oberbayern. Bisher hat Ota Filip, der jetzt deutsch schreibt, zehn Romane veröffentlicht. Er schreibt für verschiedene deutsche (FAZ, DIE ZEIT, DIE WELT), seit Januar 1989 auch für tschechische Zeitungen, er ist Mitglied der Bayerischen Akademie der Schönen Künste und des deutschen P.E.N.-Zentrums in Darmstadt. Auszeichnungen: Ordre de Saint Fortunat l'Union Internationale Prosper Montagne (Paris 1978), Adelbert von Chamisso-Preis (1986), Andreas Gryphius-Preis (1991), Die Löwenpfote, Münchener Großstadtpreis (1992).
Bei Langen Müller erschien 1992 »Die stillen Toten unterm Klee – Wiedersehen mit Böhmen«.

Ota Filip

... doch die Märchen
sprechen deutsch

Ota Filip

… doch die Märchen sprechen deutsch

Geschichten aus Böhmen

Mit 33 Abbildungen

Langen Müller

Die Übersetzung der »Laudatio« aus
dem Tschechischen auf Seite 13
wurde von F. P. Künzel vorgenommen.

in der F. A. Herbig Verlagsbuchhandlung GmbH, München

Schutzumschlag: Wolfgang Heinzel
unter Verwendung eines Fotos des Autors
Herstellung: VerlagsService Dr. Helmut Neuberger
& Karl Schaumann GmbH, Heimstetten
Satz: Filmsatz Schröter GmbH, München
Gesetzt aus 11/13 Punkt Else
Druck und Binden: Graphischer Großbetrieb Pößneck
Printed in Germany
ISBN 3-7844-2584-4

»Zwischen Tschechen und Deutschen muß die Feindseligkeit begraben werden«

Johann Georg Reißmüller

Inhalt

Es gibt immer etwas zu erzählen – Statt eines Vorworts

Europa produziert seit eh und je seine großen und kleinen, verrückt-absurden oder traurigen Geschichten sozusagen von alleine und auf jenem laufenden Band, auf dem wir alle aus der Vergangenheit über unsere Gegenwart in die Zukunft getrieben werden. Die Aufgabe des schreibenden Beobachters ist ziemlich einfach: Wenn er den Menschen und den Ereignissen, die unseren Weg bestimmen, aufmerksam zuhört, wenn er nicht als Aussteiger vor unserer aufregenden Zeit flieht, dann ist das Schreiben oder Aufschreiben jener Geschichten, die unser Leben umgeben, nicht mehr besonders schwer.

Dieses Buch habe ich nicht geschrieben, sondern nur aufgeschrieben oder – ich gestehe – von der Zeit, in der ich lebe, abgeschrieben. Die traurigen, tragischen, bitter melancholischen und absurden Geschichten inszenierte für mich die große europäische Geschichte von 1945 bis heute.

Dieses Buch mit seinen böhmischen Geschichten, die größtenteils in bundesdeutschen Zeitungen oder im Rundfunk publiziert wurden, ist auch ein Rückblick auf Zeiten des braunen und roten Terrors, auf Demütigung und Entmündigung von mehr als 200 Millionen Europäern, die nach 1945 das Unglück hatten, auf der falschen Seite des »Eisernen Vorhangs« leben zu müssen. Diese Zeit ist in Europa, so will ich hoffen, ein für allemal vorbei.

Seit 1945 bin ich in meiner Lebensgeschichte immer wieder auf das tragische Schicksal der Deutschen in meiner einstigen Heimat, in Mähren und in Böhmen, gestoßen. Die Suche nach einer fast tausendjährigen tschechisch-deutschen Vergangenheit im Böhmischen Königreich und dann bis 1938 in der Tschechoslowakei, war für mich ein aufregendes Erlebnis: Immer wieder habe ich in den Ruinen, die uns die tschechisch-deutsche Vergangenheit in meiner einstigen Heimat nach 1939 hinterlassen hat, Gemeinsamkeiten entdeckt, verschüttete Grundmauern, abendländisch-christliche Traditionen, auf welchen wir eine gemeinsame Zukunft in Europa aufbauen können.

Im Juli 1996

Kulturpreis der Bernhard-Bolzano-Stiftung 1995 – Laudatio auf Franz Peter Künzel

Lieber František Petr Künzel, verehrte Damen und Herren! Die Bernhard-Bolzano-Stiftung verleiht, wie Sie wissen, ihren diesjährigen Kulturpreis an Franz Peter Künzel in Anerkennung seines langjährigen übersetzerischen Wirkens und unermüdlichen Bemühens um Verständigung zwischen Tschechen und Deutschen.

Doch vor meiner Lobrede auf Franz Peter Künzel möchte ich – und dies erachte ich für unabdingbar – festhalten: Die tschechisch-deutschen und deutsch-tschechischen Beziehungen wurden nicht nur durch den »odsun« (Abschub) der Deutschen aus der Tschechoslowakei belastet, sondern auch durch die vorausgehende unkritische und euphorische Hinwendung eines Großteils unserer deutschsprachigen Mitbürger in den Jahren von 1936 bis 1945 zu Hitlerdeutschland und Nationalsozialismus. Wenn ich nunmehr über Franz Peter Künzel und die Literatur spreche, sei daran erinnert, daß das unwiderrufliche Ende der Prager deutschen Literatur sowie der deutschen Literatur in Böhmen und Mähren nicht erst 1945 mit dem Odsun der Deutschen aus der Tschechoslowakischen Republik gekommen war, vielmehr schon am 15. März 1939, als Hitler Prag und den Rest von Böhmen-Mähren besetzte. Nach dem 15. März 1939 existierte in den böhmischen Ländern keine deutsch geschriebene Literatur mehr, sondern einzig ein von Goebbels manipuliertes, nazistisches Schrifttum. Das in Prag nach diesem historischen

Datum gesprochene und geschriebene Deutsch war nicht mehr die Sprache Rainer Maria Rilkes, Franz Werfels, Max Brods, Franz Kafkas und einer ganzen Plejade deutscher antifaschistischer Emigranten, Künstler und Literaten – es war auch nicht mehr die Muttersprache unseres Freundes František Petr Künzel.

Gemäß Volkszählung von 1950 hatte Prag 42000 Einwohner, die Deutsch als Muttersprache angaben; unter ihnen befanden sich ungefähr 30000 deutschsprachige Juden. Ich halte es für nötig, diese Zahlen anzuführen, damit klar ist, daß das sogenannte »deutsche Prag« seine Wurzeln und sein kulturelles wie ökonomisches Hinterland in unseren überwiegend deutsch sprechenden jüdischen Mitbürgern hatte.

Die Tatsache, daß am 16. März 1939 rund 10000 Prager Deutsche auf dem Hradschin lauthals Adolf Hitler willkommen hießen, war rückblickend eine der absurdesten Inszenierungen in der Geschichte des 20. Jahrhunderts. Die Prager Deutschen wußten nämlich nicht, was sie taten: Sie begrüßten stürmisch Adolf Hitler, jubelten aber gleichzeitig dem nahen Ende ihrer eigenen, acht Jahrhunderte in Böhmen und Mähren verwurzelten Kultur zu, ihrem endgültigen Abgang aus der böhmischen Geschichte, in der sie zumeist eine bedeutende und oftmals auch rühmliche Rolle gespielt hatten.

Gleich hier ist festzustellen: Was František Petr Künzel in den vergangenen 40 Jahren für die tschechische Literatur und Kunst sowie für die tschechische Sache im deutschen Sprachraum zwecks Erneuerung des gegenseitigen Kennenlernens bei Anknüpfung neuer freundschaftlicher Beziehungen zwischen Deutschen und Tschechen geleistet hat, das müssen die tschechischen Literaturhistoriker erst noch schätzen lernen. Und nicht nur diese.

Erlauben Sie mir, daß ich im Zusammenhang mit der Wertschätzung der unermüdlichen Arbeit unseres gemeinsamen Freundes František Petr Künzel einige Gedanken sowie Hinweise auf Fakten vorbringe, die in den tschechischen Massenmedien, ja in der tschechischen Gesellschaft überhaupt bezüglich der tschechisch-deutschen und deutsch-tschechischen Beziehungen systematisch verschwiegen werden. Ich will versuchen, diese und den František Petr Künzel in einen breiteren Kontext einzureihen, also nicht allein in den sudetendeutsch-historischen, zum gegenwärtigen Zeitpunkt recht komplizierten Kontext. Wer Künzel heute in den eher folkloristischen Rahmen des sudetendeutschen kulturellen beziehungsweise literarischen Lebens einreihen oder gar zwängen wollte, würde das derzeitige Kunstleben in der Bundesrepublik Deutschland, in der Franz Peter Künzel eine bedeutende Rolle spielt, sowie auch uns alle um eine Persönlichkeit von wahrhaft europäischem Format bringen.
Lassen Sie mich vorausschicken, daß die Sudetendeutschen bis auf Ausnahmen – zu denken ist an Götz Fehr, Josef Mühlberger, Otto Herbert Hajek, Johanna Baronin Herzogenberg und Pater Angelus Waldstein, auch an Nikolaus Lobkowicz, wobei ich an František Petr Künzel nicht zu erinnern brauche, er weilt ja unter uns – in den böhmischen Ländern nie die Rolle von Propagatoren tschechischer Kultur und Literatur im deutschsprachigen Raum übernommen haben. Gleichzeitig freilich muß ich daneben an ein grundlegendes Faktum erinnern: Das Deutsche und die Übersetzungen ins Deutsche waren – ich spreche hier lediglich vom 20. Jahrhundert – für die tschechische Literatur das Sprungbrett in die Literaturen der Welt. Interessant dabei ist: Wien, zur Zeit der Habsburger Monarchie eine europäische Metropole, war für tschechische Kunst und Literatur eigentlich nie ein Sprungbrett nach Europa. Es war bis zur Hitler-Epoche viel-

mehr drei Jahrhunderte lang unser Erzfeind und Träger der Germanisierungstendenzen. Dies waren nie und nimmer Berlin, Dresden, Frankfurt oder München, keineswegs die Königreiche Bayern, Sachsen oder Preußen, vielmehr waren es die österreichisch-ungarische Monarchie und die am Ende schon senilen Habsburger gewesen.

Ich weiche etwas von František Petr Künzel ab und erinnere an den kürzlichen Besuch des tschechischen Außenministers Zeleniec in Wien: Die tschechischen Wiedererwecker einschließlich Karl Havlíček Borovskýs haben sich vermutlich entsetzt im Grabe umgedreht, als sie den Herrn Minister ein Loblied auf das harmonische Zusammenleben der Tschechen und Österreicher unter der Regierung der kaiserlichen Herren und deren Familien singen hörten. Die österreichische Presse kommentierte die Ausführungen des tschechischen Außenministers mit der sarkastischen, von der tschechischen Presse selbstverständlich nicht zitierten Bemerkung: Der tschechische Minister kennt entweder die Geschichte seines Landes nicht, oder er möchte von uns wieder einen günstigen Kredit...

Doch zurück zum vorhergehenden Thema: Die Rolle von Sprungbrettern oder Rettungsinseln hatten seit dem Ende des Dreißigjährigen Krieges deutsche Städte übernommen. Im protestantischen Leipzig, in Dresden, in Breslau und sogar im preußischen Berlin fanden böhmische Exulanten bereits während des Dreißigjährigen Krieges und während der nachfolgenden Gegenreformation Aufnahme, dort konnten sie ihre Bücher herausbringen, ihre Sprache und ihre religiöse Identität bewahren.

Unaufhörlich jedoch beklagen wir die Schlacht am Weißen Berg und was danach kam, wir beklagen alles, womit uns die österreichischen Kaiser – niemals die deutschen Könige – grausam bestraften, vergessen dabei aber geflissentlich, daß

die böhmischen, vornehmlich patriotischen Standesherren den Weißen Berg zu einem beträchtlichen Teil selbst verschuldet hatten: Sie hatten einen Deutschen zum böhmischen König gewählt, die politische Null von einem Friedrich von der Pfalz beziehungsweise Bedřicha z Falce, Dilettant und Alkoholiker, Schürzenjäger dazu, der es fertigbrachte, in seiner kurzen Regierungszeit mehr als die Hälfte der europäischen Mächtigen gegen das böhmische Königreich aufzubringen.
Außerdem: Die tschechische nationale, kulturelle und literarische Wiedergeburt hat nicht in Wien begonnen, im Gegenteil, sie hatte in der Wiener Hofkamarilla seit jeher ihren größten Feind. Wir geben es nicht gern zu, doch die tschechischen Wiedererwecker schöpften erste Ideen und Kraft –

Der Weiße Berg, der Anfang einer böhmischen Katastrophe oder das Ende einer unglückseligen böhmischen Politik?

erinnern wir uns nur Jan Kollárs – aus der deutschen Romantik des Weimarers Johann Gottfried Herder, aus der deutschen romantisch-revolutionären Bewegung des Sturm und Drang.

In einer Zeit, in der wir noch nicht recht Tschechisch konnten, weil uns Wien das Tschechische um jeden Preis hatte verlernen lassen wollen, schrieben unsere ersten Wiedererwecker Abbé Dobrovský, Josef Jungmann und auch František Palacký nicht in wienerischem Deutsch, sondern im Deutsch Herders, Schillers, Goethes, Immanuel Kants, Johann Gottlieb Fichtes, Friedrich Schellings und weiterer deutscher Dichter und Denker, deren Einfluß auf das tschechische kritische Denken wir bis heute nicht zugeben wollen. Wesentliche Impulse, Gedanken und Programme schöpfte die tschechische nationale Wiedergeburt keineswegs aus dem damals reaktionären Wien, auch nicht aus der Französischen Revolution, sondern aus der deutschen Romantik.

Ich möchte hier nur drei Beispiele für die entscheidende Bedeutung des Deutschen beim Eintritt tschechischer literarischer Werke in die Weltliteratur anführen, und zwar aus der Zeit des ersten Versuches um eine deutsche Demokratie, der Weimarer Republik: Karel Čapek, Jaroslav Hašek und Petr Bezruč.

Karel Čapek – auch Josef Čapek, die beiden Brüder hatten vieles gemeinsam geschrieben – drang erst in der ersten Hälfte der zwanziger Jahre in die Welt vor, nachdem die Dramen »Aus dem Leben der Insekten«, »Der Räuber«, »R. U. R.« und »Die Sache Makropulos« in deutscher Übersetzung mit Riesenerfolg auf einer führenden Berliner Bühne aufgeführt worden waren.

Grete Reiner-Straschnow übersetzte bereits 1925 Jaroslav Hašeks »braven Soldaten Schwejk« ins Deutsche, somit in einer Zeit, da Hašek von der tschechischen Literatur für einen Boulevardautor gehalten und ignoriert wurde. Der gefeierte Erwin Piscator führte den »Schwejk« im Jahr 1927 in seinem Berliner Theater auf, damals eine der führenden europäischen Bühnen. Und Kurt Tucholsky verfaßte über diesen »Schwejk« im gleichen Jahr für die »Weltbühne«, der Zeitschrift für moderne Literatur und Theater von ebenfalls europäischem Rang, eine hymnische Rezension, die Jaroslav Hašeks Eintritt in die europäische Literatur markierte.

Und Petr Bezručs »Schlesische Lieder« waren gar schon 1916 von Rudolf Fuchs ins Deutsche übersetzt worden; Fuchs hatte dies zu einem Zeitpunkt getan, da der Autor im k.k.-Gefängnis einsaß. Trotzdem erschien die deutsche Erstausgabe bei Kurt Wolff in Leipzig, wie gesagt bereits 1916 und entgegen dem Verbot in der österreichisch-ungarischen Monarchie. Das Vorwort zur ersten fremdsprachigen Ausgabe von Bezručs »Schlesischen Liedern« schrieb übrigens Franz Werfel. Die österreichische Zensur protestierte scharf! Einen besseren Start in die Weltliteratur als bei dem berühmten Kurt Wolff hätte sich Petr Bezruč nicht wünschen können.

Anzumerken ist noch, daß bei Wolff in Leipzig seinerzeit auch Franz Kafka, Rilke und Werfel sowie eine ganze Plejade deutsch schreibender und in Prag lebender Schriftsteller herauskamen. Hingegen hatten die Franzosen, Engländer, Italiener, Amerikaner, vom rückständigen Rußland ganz zu schweigen – übrigens allesamt unsere Verbündeten –, von Petr Bezruč und von der tschechischen Literatur gemeinhin keine Ahnung, außerdem zeigten sie kein Interesse dafür.

Ein Blick in die Computer moderner französischer Buchhandlungen wird Ihnen zeigen, daß die tschechische Literatur des 19. und der ersten Hälfte des 20. Jahrhunderts auf französisch nicht existiert und von der tschechischen Gegenwartsliteratur liegen auf dem französischen Buchmarkt lediglich »verkäufliche« Titel vor. Geben wir uns keinen Illusionen hin: Weder die französische noch die englische beziehungsweise angelsächsische Literatur legt auf uns besonderen Wert, wir sind für sie, bis auf geringe Ausnahmen, nicht interessant.

Ein Blick in die Computer deutscher Buchhandlungen dagegen wird Ihnen zeigen, daß auf deutsch beinahe alle wichtigen Werke der tschechischen Literatur vorliegen. Ich führe – absichtlich – nur sogenannte »Verlusttitel« von Lyrikern auf, als da sind Karel Hynek Mácha, Havlíček, Božena Němková, Petr Bezruč, Jiří Wolker, Vítězslav Nezval, Vladimír Holan, Jaroslav Seifert, Jan Skácel u. a.

Die Rolle der ersten deutschen Demokratie beziehungsweise des Versuchs um eine solche, der Weimarer Republik, hat hinsichtlich Vermittlung und Einführung tschechischer Literatur und Kunst in die Welt nach dem Zweiten Weltkrieg die Bundesrepublik Deutschland übernommen. Mit dem Beginn der sechziger Jahre betritt František Petr Künzel die westdeutsche Übersetzungsszene, und er führt ins deutsche Sprachgebiet Autoren wie Milan Kundera, Bohumil Hrabal, Vladislav Vančura, Jaroslav Seifert, Ladislav Klíma, Václav Havel, Jan Skácel oder Zdeněk Rotrekl ein. Das Deutsche und westdeutsche Verleger übernehmen seit den sechziger Jahren für die tschechische Literatur neuerlich die Funktion des Sprungbretts in die Literaturen der Welt.

Die tschechischen Literaturhistoriker haben – aus Unkenntnis, wenn ich mich nicht täusche – ein fundamentales Faktum weder genügend gewürdigt noch wenigstens vermerkt: Laut Übersicht des »Börsenvereins des deutschen Buchhandels« sind seit Mitte der sechziger Jahre und verstärkt dann in den Jahren von 1968 bis 1989 seitens westdeutscher Verlage insgesamt 680 Titel originärer tschechischer Belletristik, Publizistik und Essayistik in Buchform, in Literaturzeitschriften und anderen Fachpublikationen herausgegeben worden, unsere Literaturzeugnisse, die unter dem totalitären kommunistischen Regime verboten waren.

Verlegerische, buchhändlerische Großmächte à la Frankreich, England und die Vereinigten Staaten mitsamt ihren globalen Märkten haben im Vergleich mit Deutschland zwischen 1968 und 1989 weit weniger tschechische Übersetzungstitel vorgelegt, sie haben sich in weit geringerem Maße an der Rettung der von den ČSSR-Kommunisten verbotenen tschechischen Literatur beteiligt. Die Verleger der französischen, angelsächsischen, spanischen, italienischen oder portugiesischen Sprachbereiche warteten stets ab, ob sich ein tschechischer Dissidentenroman in deutscher Übersetzung auf dem westdeutschen Markt durchsetzen würde, bevor sie ihn in ihre Sprache übernahmen. Sie wählten ausschließlich Titel, die ihnen gemäß Echo in Westdeutschland kommerziellen Erfolg oder zumindest verkaufsfördernde politische Sensation versprachen.

Dies ist die harte Realität, die in der Tschechischen Republik heutzutage allerdings niemand zur Kenntnis nehmen will: Der Kern unserer von Prager Seite verbotenen und unterdrückten Literatur fand vom Jahr 1968 bis zum Jahr 1989 vornehmlich dank der Vermittlung durch das Deutsche einen Weg nach Europa und in die Welt.

Der überzeugendste Fall: Sämtliche Theaterstücke von Václav Havel – in der Tschechoslowakei seit 1969 verboten – erlebten ihre Welturaufführungen im deutschen Sprachgebiet, nämlich in Westdeutschland, in Österreich und der Schweiz. Auch Havels Essays erschienen erst einmal auf deutsch.

Überhaupt kamen alle bedeutenderen tschechischen Romane, die von 1970 bis 1989 in der »normalisierten« Tschechoslowakei lediglich in Abschriften, zumeist als Typoskripte verschiedener Samizdat-Verlage kursierten, im Westen zuerst auf deutsch in der Bundesrepublik Deutschland heraus.

Ohne František Petr Künzel, der seit Beginn der sechziger Jahre die westdeutschen Verlage und die literarische Öffentlichkeit mit der neueren tschechischen Literatur bekannt machte und sie auch ins Deutsche übersetzte, wäre die Rückkehr der freien tschechischen Literatur nach Europa und in die Welt nicht so erfolgreich, nicht so quantitativ überzeugend gewesen: Weder aus slawischen Literaturen noch aus der Literatur der sogenannten sozialistischen Länder einschließlich Rußlands wurden in den vergangenen 30 Jahren so viele Werke übersetzt wie aus der tschechischen Literatur.

Doch ich muß auf das Schmerzliche der tschechisch-deutschen Beziehungen zurückkommen: Wie gesagt, spielte die deutsche Sprache traditionell – und sie tut es in unserem 20. Jahrhundert weiterhin – die Hauptrolle beim Einzug oder der Rückkehr der tschechischen Literatur nach Europa und in die Welt. Allerdings: Sehen wir genau hin, welches und wessen Deutsch den Einzug der tschechischen Literatur nach Europa und in die Welt erleichterte, dann merken wir, daß es bis zum Jahr 1959 verschwindend selten das Deutsch der Sudetendeutschen war, sondern in allererster Linie das Deutsch der deutschsprechenden jüdischen Intellektuellen mit Heimatrecht in den böhmischen Ländern. Denken wir nur an Max Brod – als ein Beispiel für viele –, ohne dessen Übersetzungen und sonstigen Verdienste um die tschechische Literatur das Opernschaffen eines Leoš Janáček kaum so rühmlich im »Rest der Welt« durchgesetzt worden wäre. Erinnern wir uns bloß der Arroganz des tschechischen Nationaltheaters in Prag dem Janáček-Werk gegenüber! Erst

Janáčeks Durchbruch insbesondere in Berlin sowie der Umstand, daß er in den frühen zwanziger Jahren zusammen mit dem hochgeschätzten Arnold Schönberg in die ehrwürdige Preußische Akademie aufgenommen wurde, ließ die Ignoranten im Nationaltheater aufhorchen und stimmte sie Janáček gegenüber gnädig.
Ich habe bereits Rudolf Fuchs und seine hervorragende Übersetzung der »Schlesischen Lieder« erwähnt. Erinnern möchte ich noch an Otto Pick, der mit Franz Werfel in den zwanziger Jahren meinen Lieblingsdichter Otokar Březina nachdichtete, diesen sprachlich überaus anspruchsvollen Lyriker. Camill Hoffmann, der jüdische Intellektuelle und tschechische Diplomat mit deutscher Muttersprache, übersetzte 1925 Masaryks »Weltrevolution« und 1936 Čapek »Gespräche mit T. G. M.« ins Deutsche; letztere erschienen im deutschen Exilverlag Julius Knittels in Mährisch Ostrau. Hoffmann verdeutschte auch Bücher von Kamil Krofta und Edvard Beneš. Und noch einmal zu Otto Pick: Außer Březina hatte er bereits vor dem Ersten Weltkrieg manches von František Langer und Fráňa Šrámek übertragen, nach 1918 übersetzte er fast das gesamte Werk Karel Čapeks.
In diese Reihe von Persönlichkeiten mit deutscher Muttersprache, die zur Geschichte der tschechischen Literatur gehören, weil sie ihr auf dem Weg in die Welt halfen und ihren Ruhm verbreiteten, steht heute – und er steht in ihr seit 40 Jahren – auch František Petr Künzel oder deutsch Franz Peter Künzel. Er hat es verstanden, sich aus dem Panzer sudetendeutscher Folklore zu befreien, der leider viele unserer ehemaligen Landsleute bis heute blind macht und in ein ewiggestriges geistiges und politisches Ghetto sperrt. Franz Peter Künzel ist Europäer, er gehört zu uns und gleichzeitig zur deutschen Kultur.
Lieber František, du gehörst in die tschechische Literatur, du

hast an die Tradition der großen Vermittler tschechischer Kultur in der deutschsprachigen Welt angeknüpft, du befindest dich in guter Gesellschaft!

(Oktober 1995)

»Die Familie gehört zusammen« – Meine Weihnachten in Prag

Die Redaktionen haben mit uns, Autoren, kein Erbarmen. Die deutsche »Prager Zeitung« ist in dieser Hinsicht keine Ausnahme.

In der ersten Adventswoche wurde ich per Fax von der Redaktion der »Prager Zeitung« aufgefordert: »Schreiben Sie bis 11.12. für uns ein frisches Feuilleton über das heutigen Prag, einfach etwas Originelles, so wie Sie es eben zu schreiben verstehen.« Übers Honorar stand im Fax, wie üblich, kein Wort.

Und jetzt sitze ich vor der Schreibmaschine und versuche wieder einmal alle Tricks anzuwenden, die wir alten und erfahrenen Schreiber auf Lager haben, damit mir etwas lesbar »Frisches und Originelles« über das heutige Prag einfällt. Es fällt mir allerdings nichts ein. Und wie soll es auch? Ich bin kein geborener Prager, ich bin ein Mährer, eigentlich mehr als ein Mährer ein Schlesier, ein echter »Schlonsack«. Prag, die Stadt meiner Jugend, in der ich nur aufgewachsen bin, ist weit, ein Vierteljahrhundert entfernt. Jetzt sitze ich in der bayerischsten Ecke von ganz Bayern, nämlich im Pfaffenwinkel zwischen Murnau und Garmisch-Partenkirchen. Links sehe ich die steil zum Ettaler Mandl steigenden weißen Alpenwiesen, rechts das verschneite Murnauer Moos. Und überall breitet sich eine echt bayerisch-sentimental vorweihnachtliche Stimmung aus, wie auf Bestellung des Garmisch-Partenkirchener Touristenbüros für zahlungskräftige Urlauber aus Preußen, aus Sachsen, aus Dänemark, aus Holland und Belgien und vor allem aus Japan organisiert, die schon bereit zum Aufbruch stehen, um unseren Pfaffenwinkel, amtlich Werdenfelser Land genannt, in der Weihnachtszeit zu überschwemmen. Die Zeit der »stillen und heiligen« Nacht ist bei uns längst vorbei.

Ich verstricke mich immer tiefer in bayerische Geschichte, die den Leser der »Prager Zeitung« wahrscheinlich überhaupt nicht interessieren; und ich weiß nicht, wie ich jetzt zurück nach Prag und zum Prager Thema kommen soll.

Ich versuche es über Weihnachten.

Weihnachten ist auch in der Literatur immer sehr gut, wenn es um süßlich nostalgische Erinnerungen an die Jugend geht, um die Rückkehr in die halbvergessene Zeit, als unsere kindlichen Augen vor dem väterlichen Weihnachtsbaum glänzten. Im Advent werden wir, Dichter nicht ausgenommen, von der vorweihnachtlichen Stimmung auf eine seltsam sanft-erpresserische Art und Weise gezwungen, über die alten, guten Zeiten auch dann sentimental zu quatschen, wenn uns die oft strapazierten alt-guten Zeiten mit Gewalt, Betrug und Verrat unsere Jugendträume rücksichtslos zerstört hatten.

Ich wage zu sagen: Ich werde nie mehr im Leben Weihnachten in Prag feiern. Ich hasse Weihnachten in Prag.

Die Weihnachten in Prag hatten es auf mich, so weit ich mich erinnern kann, in der für andere schönsten Zeit der Jugend abgesehen gehabt. Einen Tag vor dem Heiligen Abend 1948, ich bin achtzehn gewesen, wurde mein Vater, wie es damals hieß ein bourgeois-staatsfeindliches, dem Sozialismus feindlich gesinntes Element, von der Prager Stasi verhaftet. Der elektrische Strom wurde von der Stasi in unserer Wohnung abgeschaltet, das Telefon beschlagnahmt; die Hausdurchsuchung dauerte ganze 24 Stunden. Am heiligen Abend 1948 saßen wir mit meiner Mutter in der kalten, verwüsteten Woh-

nung und heulten gedemütigt und hilflos vor Angst um den Vater.
Sonst war alles, wie es am Heiligen Abend sein soll: Draußen in der Stěpánská-Gasse fiel Schnee, und die Prager Glocken läuteten feierlich. Seit jenem Heiligen Abend kann ich das weihnachtliche Glockengeläute nicht ausstehen.
Ein Jahr später, am 24. Dezember 1949, genau um 15 Uhr – ich kann diesen Tag nicht vergessen – wartete ich an der Ecke unter den Fenstern des Cafés Slavia vor dem Nationaltheater auf Marie Holečková, eine junge Dame aus Košiře, natürlich auch ein bourgeoises Element, die wohl einzige, die es damals in Prag noch wagte, einen Hut mit einem Schleier zu tragen. Ich war in Fräulein Holečková verliebt und wollte ihr mein Weihnachtsgeschenk übergeben: ein Heft mit fünfzehn, mit meiner schönsten Schrift geschriebenen, höchstpersönlich gedichteten Liebesversen.
Marie kam zum fest vereinbarten Rendezvous nicht.
Um fünf Uhr, es fiel, wie es sich gehört, Schnee, gab ich auf und schlenderte zur Straßenbahnhaltestelle in der Národní vor dem Nationaltheater. Und als ich erniedrigt und verzweifelt am ersten Fenster des Cafés Slavia vorbeiging, sah ich hinter dem Glas meine verschleierte Geliebte: Ein älterer Herr küßte ihre Hand und Marie lachte. Mein Traum von der großen Liebe zu Marie brach zusammen. Ich beherrschte mich jedoch, betrat das Café Slavia, gab der Dame an der Garderobe fünf Kronen, für mich damals ein kleines Vermögen, und bat sie, mein Heft mit meiner Lyrik der verschleierten Dame am ersten Fenster links zu übergeben.
Am Abend rief ich Marie aus der Telefonzelle vor unserem Haus an. »Ich habe deine Lyrik in der Straßenbahn gelesen«, sagte sie, »es ist ein dritter Absud von Walt Whitman. Ein Dichter bist du nicht, finde dich damit ab.« Meine Welt lag bereits in Trümmern, ich konnte nichts mehr zerschlagen, so

holte ich Luft und schrie Marie an: »Was war das für ein alter Knacker im Café Slavia?« Marie schwieg, und erst nach einer Weile sagte sie mit einer traurigen, dennoch entschlossenen Stimme: »Ota, ich muß an meine Zukunft denken. Der Herr im Café Slavia war Ivan, Kulturattaché in Paris. Wir werden heiraten, und ich fahre mit ihm nach Paris, für immer fort aus diesem verdammten Prag! Verzeihe mir und lebe wohl!« Marie hängte auf. Ich sah sie nie wieder.

Als ich die Telefonzelle verließ, läuteten die Prager Weihnachtsglocken, am lautesten die Glocke der St. Stephanus-Kirche gleich gegenüber. Jesus Christus, unser Retter und Herr, wurde wieder einmal geboren, und ich wurde zum ersten Mal verraten.

Drei Jahre später, 1952, einen Tag vor Heiligabend, kam unerwartet und um drei Jahre früher Vater aus dem Gefängnis, eigentlich aus dem Straflager in den Uranbergwerken von Joachimsthal, nach Hause zurück. Er saß gebückt, grün im Gesicht in der Küche und wiederholte immer wieder: »Schön, daß ich wieder zu Hause bin.«

Am nächsten Tag fiel er gegen Mittag wie vom Schlag getroffen im Vorzimmer um. Um 18 Uhr, es war Heiligabend, starb Vater. »Schwere Sache«, sagte der Arzt im Krankenhaus, »ihr Vater war durch und durch radioaktiv verseucht, man schickte ihn nach Hause, damit er nicht im Straflager stirbt. Als Todesursache muß ich aber Herzinfarkt schreiben.«

Als ich mit der Straßenbahn nach Hause fuhr, fiel wieder Schnee, und alle Prager Glocken läuteten. Am Kreuzherrnplatz ging es nicht weiter. Stromausfall. Ich schlenderte durch die Altstadt nach Hause. Vor mir gab es im Neuschnee keine Spuren; über meinem Kopf dröhnten die Glocken von St. Salvator, St. Jakob und von der Teynkirche. Die Luft roch nach Frost, nach Zimt, nach panierten Karpfen und nach Tod.

Das Hus-Denkmal auf dem Altstädter Ring. In den fünfziger Jahren wurde ernsthaft erwogen, das ganze Denkmal um 100 Meter zu verschieben, den Reformer so umzudrehen, damit er durch die Pariser Straße direkt in die Augen der fünf Stockwerke hohen, Anfang der sechziger Jahre in die Luft gesprengten Stalin-Statue, blickt…

Siebenunddreißig Jahre später, nach der Prager Sanften Revolution im Spätherbst 1989, kam ich kurz vor Weihnachten nach 20 Jahren im Exil nach Prag zurück. Am Heiligen Abend wollte ich an Vaters und Mutters Grab am Friedhof Olšany zwei Kerzen anzünden.

Ich habe das Grab meiner Eltern nicht gefunden.

Traurig, verzweifelt und beschämt fuhr ich ins Hotel und habe meine Tante, Vaters jüngere Schwester, 1989 schon über achtzig, angerufen. »Weißt du, Ota«, sagte Tante Zdena, »wir haben gar nicht ahnen können, daß du einmal aus dem Exil zurückkommst, so haben wir ins Grab deiner Eltern auch die Verwandtschaft meines Mannes bestattet. Einen neuen, größeren Grabstein aus rotem Granit haben wir aufgestellt, es hat uns ein Vermögen gekostet, das kannst du mir glauben. Tja, und dabei passierte es, daß wir die Namen deines Vaters und deiner Mutter vergessen haben.« – »Man könnte jetzt nachträglich ihre Namen in den Granit meißeln«, sagte ich, und es gelang mir, meine Wut zu beherrschen. Tante Zdena atmete schwer und sagte: »Wenn du mir und meinem Mann zwei Tausender zahlst, natürlich in D-Mark, dann bringen wir die Sache mit den Namen deiner Eltern in Ordnung. Komm doch heute mit deiner Frau zum Abendessen, es gibt Kartoffelsalat, wie ihn deine Mutter gemacht hat, und Karpfen in schwarzer Soße, wie sie dein Vater liebte. Es ist schließlich Heiligabend, und die Familie gehört zusammen. Und nimm gleich die zweitausend D-Mark mit...«

Ich hängte auf.

Und es war zum Verzweifeln: Es fing an zu schneien. Die Glocke der St. Jakobs Kirche – aus dem Hotelzimmer sah ich den verschneiten Turm – läutete als erste in ganz Prag Christi Geburt ein.

Ich konnte es in Prag nicht mehr aushalten.

Wir haben mit meiner Frau die Koffer gepackt, bezahlten

das Hotel, setzten uns ins Auto und flüchteten in der stillen und heiligen Nacht durch halb Böhmen nach Hause, nach Bayern.

(Dezember 1995)

»Dreimal wurde ich befreit« – Prag im Mai 1945

Von der Herrschaft des Dritten Großdeutschen Reiches unter Adolf Hitler wurde ich, im Mai 1945, fünfzehn Jahre jung, gleich dreimal befreit. Am 5. Mai 1945 um zehn Uhr vormittags, als in Prag der Aufstand der tschechischen Bevölkerung gegen die Deutschen losging, kam unser Hausmeister, Herr František Vodička, mit Gewehr und in einer erbeuteten Uniform des deutschen Afrikakorps – ein Magazin der Wehrmacht am Masaryk-Bahnhof war schon um acht Uhr geplündert worden – zu uns und sagte: »Jetzt befreie ich unser Haus von den Nazis!« Herr Vodička, der revolutionäre Gardist, ging in den zweiten Stock, wo die Ärztin Birgit Hahn wohnte, eine Deutsche. Ihr Mann war Ende März 1945 an der Westfront gefallen. Mitte April hatte Frau Hahn einen Buben namens Walter zur Welt gebracht.

Im zweiten Stock hörten wir Frau Dr. Birgit Hahn fürchterlich schreien, wir liefen mit Mutter aus unserer Wohnung ins Treppenhaus hinaus. Gerade in diesem Augenblick flog Frau Dr. Hahns Säugling namens Walter mit einem leisen Winseln durch den breiten Lichtschacht an uns vorbei in die Tiefe. Auf dem kostbaren, strahlend weißen Marmorboden ein Stockwerk unter uns ist bis heute ein rotgelber Fleck zu erkennen. Dann hörten wir oben einen Schuß; Frau Dr. Birgit Hahn wurde still. Hausmeister Vodička, seit zehn Minuten im Aufstand gegen die Nazis, schrie durchs ganze Haus: »So,

jetzt habe ich mit den Nazis abgerechnet! Wir sind frei!«
Vom Hausmeister Vodička befreit, saßen wir dann drei Tage und Nächte im Keller; in Prag wurde gekämpft.
Im Morgengrauen des 8. Mai 1945 tauchte am südlichen Rand der Stadt die sogenannte Wlassow-Armee auf, an die zwanzigtausend russische Soldaten unter dem Kommando des einst heldenhaften Sowjet-Generals Wlassow, bis 1941 Stalins Liebling, der sich allerdings vor den Toren Leningrads samt seiner Armeegruppe den Deutschen ergeben hatte und dann mit der Wehrmacht gegen die Bolschewiki kämpfte. Mitte April 1945 kündigte General Wlassow der deutschen Wehrmacht seine Dienste, schlug sich mit seiner Armee zu den Amerikanern durch und befreite dabei,

Einmarsch der Roten Armee in Prag – tschechische Widerstandskämpfer fahren auf den sowjetischen Panzern mit im Triumphzug durch die Stadt.

wahrscheinlich eher durch Zufall, Prag, die Goldene Stadt an der Moldau. Ich wurde also in drei Tagen zweimal befreit, zum zweiten Mal von einer Armee, die ihr Vaterland verraten hatte und die hoffte, durch Prags Befreiung ihren Verrat wiedergutzumachen und bei den Amerikanern Gnade zu finden.

Am frühen Nachmittag des 8. Mai 1945 habe ich in der Žitná-Gasse meine Befreier gesehen: Die Wlassow-Soldaten saßen bewegungslos am Straßenrand, sie rauchten Machorka, tranken aus der geplünderten Drogerie gegenüber Franzbranntwein und seufzten schwer. Einen Monat später waren sie alle tot: Die Wlassow-Armee ergab sich bei Pilsen den Amerikanern; Ende Mai übergaben die Amerikaner sie geschlossen den Sowjets, und Mitte Juni wurden die letzten Wlassow-Soldaten, so habe ich es 30 Jahre später gelesen, bei Minsk als gemeine Verräter erschossen. General Wlassow wurde in Moskau gehängt.

Meinen ersten Befreier, unseren Hausmeister František Vodička, den revolutionären Gardisten, seit 5. Mai 1945 zehn Uhr vormittags im Kriegszustand mit Deutschland, sah ich am 8. Mai 1945 am unteren Ende des Wenzelsplatzes einen mit Benzin begossenen deutschen Soldaten mit dem Kopf nach unten an einer Laterne hochziehen. »Nieder mit den Deutschen! Wir sind frei!« schrie unser Hausmeister und zündete den Soldaten am Laternenmast an.

Am 9. Mai 1945 wurde ich in vier Tagen zum dritten Mal befreit, diesmal von den Panzersoldaten der Roten Armee.

Wenn ich über meine drei Befreiungen im Mai 1945 nachdenke, dann will bei mir keine richtige Freude erwachen: Ich wurde von den Nazis zuerst von einem blutrünstigen Hausmeister befreit, der seine unterdrückten Mordgelüste erst als revolutionärer Gardist entfalten konnte, drei Tage später befreiten mich erbärmliche russische Verräter, und zum dritten Mal wurde ich von der Roten Armee befreit, die mich und meine Heimat für die nächsten 44 Jahre in Unfreiheit stürzte.

Wenn ich also an den 8. Mai 1945 zurückdenke, fühle ich mich von der Geschichte um eine richtige Befreiung, auf die ich als fünfzehnjähriger Junge an der Schwelle des Lebens und des Friedens im Mai 1945 Anspruch und Recht hatte, betrogen.

(Mai 1995)

Zur Kaserne degradiert, ausgeraubt und zur Ruine verkommen – Das Kloster Tepl

Der Stadtpfarrer von Tepl bei Marienbad, František Kolanda, gibt sich gelassen. Er ist aber enttäuscht, sogar gekränkt: 34 Jahre betreute er in seiner Stadtkirche den gläsernen Sarg und den Schrein des 1898 seliggesprochenen Hroznata, des Diplomaten und Kreuzritters im Dienste der böhmischen Könige und Begründers des Prämonstratenserklosters Tepl. Und jetzt muß Pfarrer Kolanda den Märtyrer verlassen, der im Jahr 1217 als Geisel den Prämonstratensern verboten hatte, seinen Entführern aus der Kasse des Klosters ein Lösegeld zu zahlen, und im Hungerturm der Burg Kinsberg zu Tode gequält wurde.

Vor einigen Wochen kamen aus Prag der Prager Erzbischof Miroslav Vlk mit seinem Hilfsbischof F. Václav Lobkovicz in die Pfarrei von Tepl und teilten Kolanda ihre für den alten Pfarrer schmerzliche Entscheidung mit: Nachdem die Prämonstratenser ihr von 1950 bis 1990 vom Staat beschlagnahmtes Kloster zurückbekommen haben, gehörte ihnen auch die Stadtkirche. Pfarrer Kolanda wird deshalb auf eine andere Pfarrei in Böhmen versetzt. Mehr noch als diese Entscheidung tut Pfarrer Kolanda weh, daß er im nächsten Jahr nicht mehr dabeisein wird, wenn das Kloster Tepl 800 Jahre feiert und die sterblichen Überreste des seliggesprochenen oder, wie auch Pfarrer Kolanda hofft, in einem Jahr schon heiliggesprochenen Hroznata aus der Stadtkirche in die Klosterkirche überführt werden. František Kolanda fühlt sich zu Recht als Beteiligter an einem zeitgenössischen Wunder, nämlich an der Rettung der sterblichen Überreste des böhmischen Adeligen Hroznata. Er hat Hroznata in seiner Kirche aufbewahrt und ein halbes Menschenleben lang verehrt.

Auch Wunder haben ihre Geschichte. Die wunderliche Geschichte von Hroznatas Rettung beginnt in der Nacht am 13. April 1950. In dieser Nacht stürmte eine Hundertschaft von Geheimpolizisten das Kloster in Tepl. Alle Prämonstratenser wurden verhaftet, das Kloster wurde, wie man im kommunistischen Parteijargon sagte, liquidiert und in eine Kaserne umgewandelt. Am Anfang der absurden Geschichte von Hroznatas postumem Schicksal in einem sozialistischen Land stand ein Unteroffizier, im Jahr 1950 Kommandant der militärischen Schneiderwerkstatt in der Klosterkaserne Tepl. Gleich bei seiner ersten Erkundung in der für die Öffentlichkeit geschlossenen Klosterkirche entdeckte er links vom Hochaltar einen mit glitzernden Steinen geschmückten Schrein. Er konnte nicht wissen, daß die glitzernden Edelsteine keine Edelsteine, sondern nur gefärbtes Glas sind und daß im Schrein ein gläserner Sarg mit den Gebeinen des 1898 seliggesprochenen, 1217 zu Tode gequälten böhmischen Herrn und Prämonstratensers Hroznata aufbewahrt wird.

Der Genosse Unteroffizier witterte seine Chance, reich zu werden. Er holte sein Seitengewehr und brach mit der Stahlspitze die vermeintlichen Rubine, Smaragde, Opale und Amethyste ab. Am nächsten Tag bot er in der Kneipe einen Teil seiner Beute, »echte Edelsteine aus dem Schatz des Klosters«, dem Oberkellner zum Kauf an. Der Oberkellner, ein gewisser Jan Tomšík, ein guter Christ, war entsetzt, ließ sich jedoch nichts anmerken. Er lief zum damaligen Stadtpfarrer

Metoděj Cetl und berichtete von dem Geschäft, das ihm eben in der Kneipe angeboten worden war. Pfarrer Cetl zog sich schnell an, ging in die Kneipe, ließ sich vom Unteroffizier die Steine zeigen und wußte sofort Bescheid. Dem tapferen Pfarrer aus Tepl war klar: Hroznata ist in der Klosterkirche nicht mehr sicher, es muß etwas geschehen.

Am nächsten Tag kaufte der Pfarrer im »Konsum« zwei Flaschen Slibowitz, nahm seinen Schubkarren und begab sich ins ehemalige Prämonstratenserkloster zwei Kilometer außerhalb der Stadt Tepl. Dort ließ er sich bei einem Oberstleutnant, dem militärischen Verwalter der Klosterkaserne, anmelden. Der Tag war günstig: Zwei Tage vor dem Sold war der Offizier, bekannt in der Kaserne und in Tepl als ein verläßlicher Genosse, allerdings mit Neigung zu übermäßigem Alkoholkonsum, wieder einmal pleite und durstig. Das Geschäft wurde schnell gemacht: Für zwei Flaschen Slibowitz durfte Pfarrer Cetl den gläsernen Sarg mit Hroznatas Gebeinen auf seinen Schubkarren laden. Den hölzernen, mit falschem Gold und falschen Edelsteinen geschmückten, von dem gierigen Unteroffizier beschädigten Schrein durfte der Pfarrer aber nicht mitnehmen.

»Etwas muß hierbleiben! Wir sind doch keine Unmenschen, die Altäre plündern«, sagte der Oberleutnant, nahm Pfarrer Cetl beiseite und fragte: »Und ist der Schrein wirklich wertvoll?« – »Für uns Gläubige ist er unersetzlich«, erwiderte der Pfarrer. Das hätte er nicht sagen sollen, denn am nächsten Tag verschwand der beschädigte Schrein aus der Klosterkirche.

Die sterblichen Überreste des seliggesprochenen Hroznata im gläsernen Sarg kamen in die Stadtkirche von Tepl. Erst nach Jahren, da war schon František Kolanda Stadtpfarrer, kamen heimlich Prämonstratenserinnen aus Mähren nach Tepl um vor Hroznatas Sarg zu beten. Eine Schwester erzählte dem überraschten Pfarrer eine Geschichte: Vor einiger Zeit überreichte ihr ein früherer Berufsoffizier, der in den fünfziger Jahren in der Klosterkaserne von Tepl gedient hatte, einen beschädigten Schrein und bat sie, für seine Sünden zu beten. An der oberen Kante des Schreines konnte sie nur ein Wort entziffern: »Hroznata«. Vierzehn Tage später war der Schrein zwar nicht wieder im Kloster, aber in Tepl zurück.

Hroznatas Schrein wird wahrscheinlich noch vor der Achthundertjahrfeier des Prämonstratenserklosters Tepl Streit verursachen, denn es gibt inzwischen nicht nur einen Schrein, sondern deren zwei: Der eine, in dem Hroznata von 1898 bis 1950 ruhte, ist wahrscheinlich nur eine Kopie des ursprünglichen Schreines aus dem 13. Jahrhundert, der nach 1990 im Kloster gefunden wurde und jetzt auf Kosten der bayerischen katholischen Kirche in Augsburg restauriert wird. Der heutige Prior und stellvertretende Abt des Prämonstratenserklosters Tepl, Pater Hugo, steht vor der Frage: In welchem Schrein wird nach 43 Jahren im Frühherbst 1993 der 1898 seliggesprochene, im Jahr 1950 mit zwei Flaschen Slibowitz freigekaufte Hroznata in die Klosterkirche zurückkehren, die er vor rund 800 Jahren bauen ließ?

Das Kloster Tepl, zwei Jahrzehnte lang eine Kaserne, war 1990, als die Prämonstratenser es nach 43 Jahren zurückbekamen, eine unbewohnbare Ruine. Für Pater Hugo, der die Rückkehr des Ordens über Jahre hinweg als Mitglied der kirchlichen und intellektuellen Opposition gegen das kommunistische Regime vorbereitete, und für die zwanzig Prämonstratenser war der erste Rundgang durch das Kloster bedrückend: Eines der schönsten böhmischen Klöster war eine ausgeraubte, baufällige Ruine. Nur die große Bibliothek blieb erhalten, wenn auch ihrer wertvollsten Folianten be-

raubt. Sonst war das Kloster leer: Die handschriftliche und die wissenschaftliche Bibliothek sind verschwunden, die Bilder, die Möbel, die gesamte Einrichtung des Klosters, alles ist weggebracht oder gestohlen worden. Prior Hugo erinnert sich an die Zeit nach dem Zweiten Weltkrieg, als er, 1947, ins Kloster Tepl aufgenommen wurde: »Damals hatte ein jeder Baum in der Umgebung des Klosters sein eigenes Geschichtsbuch mit seinen Blüten, Früchten, mit Blättern und mit genauen Angaben über seinen Wuchs. Auch die in Europa einzigartige Bibliothek ist verschwunden.«
Im berühmten »blauen Saal«, einem der schönsten im Kloster, liegt immer noch die Bibliothek und das Archiv der Familie Metternich gestapelt; die Decke ist überlastet und droht einzustürzen. Der Hochaltar in der Klosterkirche ist schon seit 17 Jahren eingerüstet und wird auf eine sonderbare Weise restauriert: Die wertvollsten Bestandteile des Altars sind schon vor Jahren verschwunden; keiner weiß heute, wohin. Die staatlichen Denkmalpfleger des kommunistischen Regimes behaupteten, mehr als 17 Millionen Kronen in die Restaurierung des Klosters investiert zu haben. Was für dieses Geld renoviert wurde, ist nicht zu sehen. Bekannt ist nur, was alles im Kloster Tepl von 1950 bis 1989 vernichtet, zerstört oder gestohlen wurde. Zuletzt verschwanden aus dem Kloster auch 50 Quadratmeter Kupferblech für das Dach. Die Armee schätzte bei Verlassen des Klosters die Schäden, die sie angerichtet hat, auf 60 Millionen Kronen; da kam aus Prag der Befehl, die Schätzungen einzustellen. Bisher hat die Armee dem Kloster keinen Heller gezahlt. Allein die Renovierung eines barocken Flügels des Klosters kostete in den Jahren 1990 und 1991 rund zehn Millionen Dollar (30 Millionen Kronen). Das Geld kam von Spendern aus Deutschland und anderen Ländern; die staatliche Denkmalpflege zahlte nichts. Auch Václav Havel mußte bei seinem

Besuch in Kloster Tepl als Staatspräsident dem Prior gestehen: »Die staatlichen Kassen sind leer.«
Aber es geschah ein Wunder: Am 28. Oktober 1991 kamen die Prämonstratenser nach 41 Jahren ins Kloster Tepl zurück. Die Rückkehr der Prämonstratenser war ein Triumph vor allem für Heřmann Josef Tyl. Als junger Prämonstratenser wurde er von den Nazis verhaftet und verbrachte fünf Jahre im KZ Buchenwald. Nach dem Krieg kehrte er im Sommer 1945 nach Tepl zurück, aber schon 1949 wurde er von den Kommunisten verhaftet; er saß elf Jahre im Gefängnis. Kurz vor dem Sieg der tschechischen sanften Revolution wurde Tyl von den Prämonstratensern heimlich – nur der Prager Erzbischof, Kardinal Tomášek, wußte davon – zum Abt von Tepl gewählt. Der alte Abt Tyl ist heute zu krank, um sein Amt ausüben zu können.
Mehr als das ruinierte und ausgeraubte Kloster beunruhigt

Kloster Tepl, nach 40 Jahren kommunistischer Herrschaft fast eine Ruine.

Abt Tyl und den Prior und Stellvertreter des Abtes, Pater Hugo, das Erbe einer fast 50 Jahre währenden kommunistischen Herrschaft: »Wir leben heute in Westböhmen in einer neuheidnischen Umwelt. Wir stürzen uns in ein heiliges Abenteuer«, berichtet Pater Hugo. »Die materiellen Schäden können wir, wenn auch nicht sofort, so doch in absehbarer Zeit, mit Geld reparieren. Aber die seit fast einem halben Jahrhundert beschädigten Seelen der Menschen lassen sich nicht schnell und einfach im christlichen Sinn erneuern.« Als Hroznata, nach dem Tod seiner Frau und seines Kindes, Mitte des 12. Jahrhunderts Prämonstratenser wurde und das Kloster Tepl bauen ließ, war die Hochebene des sogenannten Kaiserwaldes eine Wildnis; heute ist sie eine geistige Wildnis.

In den fast acht Jahrhunderten bis zu der Vertreibung der Deutschen und der vorwiegend deutschen Prämonstratenser im Jahr 1945 und dann bis 1950 war das Kloster Tepl der geistige und auch der wirtschaftliche Mittelpunkt Westböhmens. Es waren die Prämonstratenser aus Tepl, vor allem der Abt Reitenberg und sein Gärtner Václav Skalnik, die im 19. Jahrhundert das heute weltberühmte Marienbad gründeten und ausbauten. Seit Anfang des 19. Jahrhunderts unterstützen die Prämonstratenser aus Tepl auch die tschechische nationale Wiedergeburt; der Prämonstratenser František Smetana finanzierte das Studium seines Neffen, des später berühmten Komponisten Bedřich Smetana; Hugo Karlik unterstützte die Familie des Begründers und Erneuerers des tschechischen Theaters, J.K. Tyl; der Prämonstratenser und Mathematiker Vojtěch Sedláček entwickelte in der ersten Hälfte des 19. Jahrhunderts die tschechische Fachsprache und mathematische Terminologie.

Das Kloster Tepl war auch im Sozialwesen ein Vorbild. Berühmt ist Hroznatas Schüssel, die bis heute im Prager

Technischen Museum aufbewahrt wird. Als Hroznata Ende des 12. Jahrhunderts die Klosterkirche bauen ließ, zahlte er die Arbeiter auf eine originelle Weise aus: Am Abend füllte er eine Schüssel mit Münzen, und jeder Arbeiter nahm soviel Geld, wie er glaubte, verdient zu haben. Heute investiert das Kloster vor allem in den Ausbau eines Hospizes für Pilger und für Besucher. Tepl soll wieder ein religiöses und kulturelles Zentrum Böhmens werden. Die Pläne der Prämonstratenser sind kühn und realistisch: »Marienbad, zehn Kilometer von Tepl entfernt, wird von Touristen überschwemmt«, sagt Prior Hugo. »Die Besucher finden dort nicht mehr das, was sie suchen, nämlich Ruhe und nicht nur physische Erholung. Wir wollen in der Zukunft ein kleines chirstlich-intellektuelles Marienbad werden, in unserem Kloster Besucher aufnehmen, die vor allem Ruhe und geistig-religiöse Erholung suchen.«

Die Prämonstratenser in Tepl brauchen Geld und Hilfe aus dem Westen. Aber viel mehr Wert als aufs Geld legt Prior Hugo darauf, sein traditionsreiches Kloster der Öffentlichkeit in Böhmen und auch den westlichen Nachbarn als einen seit acht Jahrhunderten bewährten Vermittler zwischen Ost und West und als einen Förderer der religiösen und kulturellen Beziehungen zwischen Tschechen und Deutschen vorzustellen: »Wir Prämonstratenser können nicht den im Jahr 1945 aus unserer Gegend vertriebenen Deutschen ihre Heimat zurückgeben«, sagt er. »Aber im Kloster Tepl, das von 1193 bis 1945 auch für die Deutschen in Westböhmen eine religiöse Heimat war, sollen, wenn wir alles in Ordnung gebracht haben, die Vertriebenen wieder ein geistiges Zuhause finden.«

Mit Hroznata, dem Begründer des Klosters und Märtyrer, dessen sterbliche Überreste im schlimmsten Jahr des kommunistischen Terrors auf eine so wunderliche Weise vom

Pfarrer Cetl gerettet wurden, verbinden die Prämonstratenser von Tepl eine große Hoffnung: Sie hoffen noch für das Jahr 1993, wenn Hroznata aus der Stadtkirche Tepl in sein Kloster zurückkehrt, auf seine Heiligsprechung. Die Beweismittel, die für eine Heiligsprechung notwendig sind, sollen im Fall Hroznata viel ergiebiger sein als bei der im Herbst 1989 heiliggesprochenen Prinzessin aus dem Geschlecht der Przemysliden, der heiligen Agnes von Böhmen. Und, Material, das in den vatikanischen Archiven über Hroznata, über seine Gespräche mit dem Papst in Rom und über sein Wirken vorliegt, ist, wie Dr. Polc, der tschechische Archivar und Bibliothekar im Vatikan berichtet, ergiebiger und überzeugender als die Legenden über die seliggesprochene Zdislava aus dem Geschlecht der Waldstein, heute die zweite böhmische Anwärterin auf eine Heiligsprechung.

Im Kloster Tepl beten die Prämonstratenser täglich für Hroznatas Heiligsprechung; in der Pfarrkirche von Tepl singt Pfarrer František Kolanda jeden Tag vor dem Sarg seines seliggesprochenen Landsmannes einen von ihm zu Hroznatas Ehren geschriebenen Lobgesang. Die Hoffnung auf Hroznatas Heiligsprechung ist groß: Nicht umsonst fragte Papst Johannes Paul II. unlängst die böhmischen Bischöfe, als sie in Rom waren, beim Mittagessen: »Ja, und was ist mit dem Prämonstratenser aus Tepl, dem seliggesprochenen Hroznata?«

(August 1992)

Kein Anspruch auf Rückgabe des Eigentums – Eine Entscheidung der Prager Regierung

Im Jahr 1929 heiratete mein Vater, damals Konditormeister, auf dem Rathaus in Schlesisch Ostrau meine Mutter. Gleich danach kamen Herr Arturo Caire, italienischer Eisverkäufer aus Troppau, und Deborah, geborene Feigenbaum aus Bologna, an die Reihe. Die beiden Geschäftsleute, und das galt auch für deren Ehefrauen, empfanden sofort gegenseitige Sympathie. Weil sie arm waren und sich keine Hochzeitsgäste leisten konnten, faßten sie noch auf dem Rathaus den Entschluß, ihr Hochzeitsmahl, damit es billiger werde, gemeinsam auszurichten. Meine Eltern wählten Schweinebraten, Knödel und Sauerkraut; die Caires, weil sie gläubige Juden waren, böhmischen Karpfen.

Bis zum Herbst 1938 war Herr Caire wohlhabend geworden. In Troppau gehörten ihm zwei Eisdielen, eine Konditorei und ein Mietshaus. Außerdem betrieb er in Mährisch Ostrau jede Sommersaison von April bis Ende September drei Eisdielen. Das erste Unglück kam über die Caires Anfang Oktober 1938, als die Deutschen die Sudetengebiete und somit auch Troppau ins Reich eingliederten. Als Jude mußte Herr Caire mit seiner Frau Deborah Troppau verlassen; ihren einzigen Sohn Roberto schickten sie zur Großmutter nach Bologna. Caires Troppauer Hab und Gut wurde, wie man damals sagte, »unter arische Verwaltung« gestellt und später an einen, was seine Rassenherkunft angeht, lupenreinen Volksgenossen, Mitglied der NSDAP, verkauft. Zu dieser Zeit hatte Herr Caire als Jude auch schon seinen Besitz in Mährisch Ostrau verloren, denn vom 15. März 1939 an galten auch im sogenannten Protektorat Böhmen und Mähren die Rassengesetze des Dritten Reiches.

Herr Arturo Caire war kein armer Mann, er hatte es geschafft, wenigstens sein bares Geld zu retten. Aber schon im Sommer 1941 bekam der jüdische Eisdielenbesitzer mit seiner Frau von der Gestapo, die in Mährisch Ostrau seit März 1939 in dem vom Staatspräsidenten Masaryk gestifteten »Haus für die Bekämpfung der Tuberkulose« saß, den Befehl, sich als Jude zum Transport fertigzumachen. Herr Caire kam mit seiner Frau Deborah zu uns, legte das blaue Papier auf den Tisch und weinte. Aber die Caires hatten Glück: Raimondo Cusan, ein junger Attaché an der italienischen Botschaft in Prag, in Stefi, die jüngere Schwester meiner Mutter, verliebt, war gerade bei uns zu Besuch. Raimondo las den tödlichen Befehl und sagte: »Herr Caire, Sie und Ihre Frau sind italienische Staatsbürger. Auch wenn Sie Juden sind, hatten die Deutschen kein Recht, Ihr Hab und Gut zu beschlagnahmen. Und den Abtransport brauchen Sie nicht zu befürchten, wir werden uns schon darum kümmern!«

Das Hab und Gut des jüdischen Eisverkäufers in Troppau und auch in Mährisch Ostrau blieb beschlagnahmt und wurde an »Arier« verkauft. Aber die Caires blieben, wenn sie auch den gelben Davidstern tragen mußten, bis Sommer 1944 verschont. Als sie aber im August 1944 als Juden die siebte Transport-Anordnung erhielten, konnte ihnen Raimondo Cusan, seit 1941 mein Onkel, nicht mehr helfen. Die Prager italienische Botschaft war von den Nazis geschlossen worden; mehr als die Hälfte des italienischen Botschaftspersonals war als Verräter und Mussolini-Gegner interniert.

In den frühen Morgenstunden des 31. August 1944 haben

die Caires ihre Wohnung in der Johannystraße mit zwei Koffern für immer verlassen. Lange hörte ich von ihnen nichts mehr. Erst 1974, als mein Roman über Mährisch Ostrau in Italien erschien, meldete sich Roberto Caire, der einzige Sohn von Arturo und Deborah Caire, der in Italien lebt, bei mir und teilte mir mit, daß seine Eltern am 3. September 1944, also am dritten Tag nachdem sie Mährisch Ostrau hatten verlassen müssen, in Auschwitz mit Gas ermordet wurden.
Unlängst schrieb mir Roberto Caire wieder. Aus seinem Brief: »Die Prager Regierung hat vor einigen Tagen einen Gesetzvorschlag abgelehnt, nach dem das jüdische Eigentum den rechtmäßigen Eigentümern oder ihren Erben zurückgegeben werden sollte. Ich habe also keinen Anspruch auf Rückgabe des Eigentums meiner in Auschwitz ermordeten Eltern, obwohl dieses Eigentum von den Nazis im ehemaligen Sudetenland und im Protektorat Böhmen und Mähren noch vor Kriegsausbruch gestohlen und an nazistische Parteibonzen verhökert worden ist. Es ist absurd, aber leider Tatsache: Die erneuerte tschechische Demokratie, die aufgenommen werden will in die Gemeinschaft der westlichen Demokratien, legalisiert mitten in Europa einen Teil der nazistischen Verbrechen an den Juden.«

(April 1994)

Unternehmer der eine, Bischof der andere – Unerbittliche Feindschaft in Böhmisch-Budweis

Die Bürger von České Budějovice, deutsch früher nur Budweis, für die Tschechen seit dem 15. Jahrhundert Böhmisch Budweis, hören nur ungern, wenn österreichische oder deutsche Touristen aus dem Namen ihrer vom tschechischen König, dem Przemysliden Otakar II., 1265 gegründeten Stadt die Bezeichnung Böhmisch wegfallen lassen. Die Stadt war bis zur Mitte des 19. Jahrhunderts tatsächlich vorwiegend von deutschsprachigen Bürgern bewohnt; im Jahr 1939 wohnten aber in der Stadt 7000 Deutsche, also nur ein Sechstel der Bevölkerung. Nach der Vertreibung der Deutschen aus der Tschechoslowakei in den Jahren 1945 und 1946 blieben in Böhmisch Budweis nur wenige Deutsche zurück.

Heute, vier Jahre der Rückkehr der Demokratie nach Böhmen und Mähren, wird in Böhmisch Budweis wie in keiner anderen tschechischen Stadt gebaut, renoviert und erneuert. Auch was die Rückkehr der verdrängten Geschichte nach Böhmisch Budweis betrifft, haben die Stadtväter, vor allem der katholische Bürgermeister Jaromír Talíř, mit den marxistisch-leninistischen Lügen aufgeräumt. Zwei Budweiser Zeitgenossen, die vor mehr als hundert Jahren die südböhmische Metropole zu einer blühenden Stadt umgewandelt haben, kehrten nach mehr als vier Jahrzehnten in ihre Stadt zurück. Beide waren aus der Geschichte von Böhmisch Budweis gestrichen worden: Der deutsch-österreichische

Adalbert Lanna, der deutsche Unternehmer aus České Budějovice – Böhmisch Budweis.

Schiffs-, Eisenbahn- und Brückenbauer Adalbert Lanna verschwand aus der Stadt und aus ihrer Geschichte im 19. Jahrhundert schon im Jahr 1945. Der tschechische Bischof der ärmsten Diözese im ehemaligen böhmischen Königreich, Jan Valerian Jirsík, wurde gleich zweimal aus seiner geliebten Stadt vertrieben: einmal im Jahr 1942 von den deutschen Nationalsozialisten, sechs Jahre später, nach der kommunistischen Machtübernahme in der Tschechoslowakei, von den Genossen.

Aber heute stehen die Statuen des tschechisch-patriotischen, eigenwilligen Bischofs, der 1870 in Rom gegen die Unfehlbarkeit des Papstes stimmte, und des deutsch-österreichischen Unternehmers – die Budweiser Deutschen sahen sich eher und lieber als Deutsch-Österreicher denn nur als Österreicher – wieder dort, wo sie hingehören: Jirsík auf dem Marktplatz vor der Kathedrale des heiligen Nikolaus, Lanna auf dem Sockel aus grauem Granit in der städtischen Parkanlage.

Mit ihren Statuen haben sich die Budweiser seit eh und je selber Schwierigkeiten bereitet. Als 1918 die Tschechoslowakische Republik ausgerufen wurde, stürzten und zerschlugen tschechische Patrioten die Statue des Kaisers Josef II. Diese Tat war ein historisches Mißverständnis: »Der einzige Habsburger, dem die Budweiser nach seinem Tod nachweinten«, schreibt der Budweiser Historiker Jiří Chvojka, »war eben Josef II., der aufgeklärte Monarch«. 1926 wurde in Böhmisch Budweis vor dem »Schwarzen Turm« die Statue des Bischofs Jirsík, ein Meisterwerk des tschechischen Bildhauers Myslbek (der weltbekannte heilige Wenzel in Prag auf dem Wenzelsplatz stammt von ihm), feierlich enthüllt. Dem patriotischen Bischof, der im 19. Jahrhundert, damals sehr zum Ärger der deutsch-österreichischen Stadtväter von Böhmisch Budweis, das tschechische Schulwesen gegründet und gefördert hatte, haben es die Budweiser Nationalsozialisten erst im Zweiten Weltkrieg heimzahlen können: Jirsík wurde auf Befehl des deutschen Oberlandrates vom Sockel geholt und eingeschmolzen. Zusammen mit Jirsík wanderten die Denkmäler des tschechischen Patrioten Zátka, ein Meisterwerk von Bohumil Kafka, der auch eine der schönsten Büsten von Franz Kafka schuf, und ein ziemlich mißlungenes Denkmal des tschechischen Legionärs im Ersten Weltkrieg Oberst Švec in den Schmelzofen.

Nach der kommunistischen Machtübernahme im Jahr 1948 wurden die Budweiser, seit eh und je katholisch und nie hussitisch gesinnt – in der Blütezeit des Hussitismus gab es in Böhmisch Budweis nur 20 Hussiten –, von der Partei mit einer Reiterstatue des einäugigen hussitischen Heerführers Jan Žižka von Trocnov und mit einem abscheulichen Denkmal des ersten kommunistischen Präsidenten der Tschechoslowakei, Klement Gottwald, beschenkt. Die zwei, Žižka und Gottwald, sollten die fehlende hussitisch-proletarische Tradition in der Stadt ersetzen. Žižka samt Pferd und Rüstung mußte vom Marktplatz vor die Kaserne zu den Soldaten umziehen, Gottwald wurde nach der sanften Revolution im Herbst 1989 mit einem Kran vom Sockel geholt; nun liegt er in der städtischen Lagerhalle.

Aber zurück zu Lanna und Jirsík, den größten deutschsprachigen und tschechischen Söhnen der Stadt im 19. Jahrhundert. Auch ihre Statuen traf ein böses Schicksal: Am 24. Mai 1945, auf den Tag genau 66 Jahre nach seiner Enthüllung, wurde Adalbert Lanna von aufgebrachten tschechischen Patrioten vom Sockel gestürzt; sein Hinterkopf wurde dabei zerschlagen. Keiner wollte sich damals an das erinnern, was alles die Budweiser und die Menschen in Böhmen diesem deutsch-österreichischen Unternehmer und Patrioten verdanken, dessen Familie im 16. Jahrhundert aus dem Salzkammergut nach Budweis gekommen war: Lannas Schiffswerft – er hatte seine Karriere als Steuermann auf einem Moldau-Kahn begonnen – baute von 1828 bis in die siebziger Jahre des 19. Jahrhunderts Tausende von Schiffen. Adalbert Lanna finanzierte oder baute in ganz Böhmen Brücken und Eisenbahnen, er war in seiner Zeit der größte Parkettbödenerzeuger in Böhmen. Der Budweiser Unternehmer war wesentlich am Betrieb der ersten allerdings nicht mit Dampf-, sondern mit Pferdekraft angetriebenen Eisenbahn in der k. k.-Monarchie zwischen Linz und Budweis beteiligt. Er gründete die Eisenhütten und die Kohlengruben in Kladno bei Prag. Er war 1858 mit Geld, Erfahrung und Rat dabei, als auf der Moldau die Dampfschiffahrt anfing. Mit seinem Kapital förderte er die ersten Dampflokomotiven auf Böhmens Schienen.

Bei seinem Sturz vom Sockel im Mai 1945 hatte der Deutsch-Österreicher Lanna dennoch mehr Glück als sein Zeitgenosse, der tschechische Bischof Jirsík, der den Zweiten Weltkrieg nicht einmal als Statue überleben durfte. Lannas nur am Hinterkopf lädierte Statue, 1878 in Wien von Franz Pönninger, wie man in Böhmisch Budweis sagt, »im österreichischen Stil« gegossen, überstand die böse Zeit der kommunistischen Herrschaft in einem Lager. Die Statue des Budweiser Bischofs mußte jedoch nach dem Sieg der sanften Revolution im Herbst 1989 neu hergestellt werden; jetzt schmückt den Platz zwischen dem »Schwarzen Turm« und der Nikolaus-Kathedrale wieder die erhabene Gestalt des Budweiser Bischofs Jirsík, diesmal leider nur eine Kopie der einst berühmten Statue von Myslbek. Auch Myslbek schuf kurz vor seinem Tod im Jahr 1922 im Stil der damaligen tschechischen Moderne eine eindrucksvolle Statue von Lanna. Es kam zu einem Eklat: Weder die tschechischen noch die deutsch-österreichischen Stadtväter von Böhmisch Budweis

Das Denkmal des Budweisers Bischofs Jan Valerien Jirsíks in České Budějovice.

hatten an Myslbeks Spätwerk Gefallen gefunden. Der Beschluß des Gemeinderates war einstimmig: Diesen Lanna kann der Meister getrost behalten, einen solchen Lanna wollen wir in der Stadt nicht haben.

Der tschechische Bischof Jirsík, in seiner Kirche als Querdenker und in Wien als tschechischer Patriot nicht beliebt, und der deutsch-österreichische Unternehmer Lanna mochten sich nicht. Im erbitterten Kulturkampf und im Kampf um das tschechische Schulwesen in der Stadt, der Mitte des 19. Jahrhunderts entflammte (die deutschsprachigen Budweiser bildeten damals die Hälfte der Bevölkerung), stand Lanna zwar nicht im deutsch-nationalen Lager, dennoch war ihm die deutsche Sache viel näher als die tschechische. Aber Bischof Jirsík setzte sich gegen die Deutsch-Österreicher immer durch.

Es ist schon sonderbar: Wenn man im Buch des Budweiser Historikers Jiří Chvojka, »Die Stadt unter dem Schwarzen Turm«, über die Zwistigkeiten zwischen den Budweiser Deutsch-Österreichern und den Tschechen im 19. Jahrhundert liest, kommt man zum Schluß: Nie zuvor und nachher in der Geschichte von Böhmisch Budweis erlebte die Stadt einen solchen wirtschaftlichen und kulturellen Aufschwung wie in der zweiten Hälfte des 19. Jahrhunderts, als sich die tschechischen Ratsherrn mit ihren deutschsprechenden Widersachern wegen einer jeden tschechischen Volksschule, wegen eines jeden neuen tschechischen Vereins, wegen jedes Zuschusses für das tschechische Theater oder für die tschechische Bibliothek oft jahrelang im Rathaus und in der Öffentlichkeit in den Haaren lagen. Aber die tschechisch-deutsche oder deutsch-tschechische Konkurrenz im 19. Jahrhundert – für die Tschechen war das 19. Jahrhundert die Zeit ihrer nationalen Wiedergeburt – förderte nicht nur die Gründung mehrerer neuer Fabriken und anderer Unternehmen, sondern bereicherte auch das gesellschaftliche Leben, das deutsche und auch das tschechische Schulwesen und die Kultur in Böhmisch Budweis.

Als Adalbert Lanna, der deutsch-österreichische Unternehmer und Patriot, 1866 starb, las der tschechische Patriot Bischof Jirsík die Totenmesse und begleitete seinen österreichisch-deutschen Widersacher aus der Stadt zum Friedhof. »Zwei tschechische Blaskapellen in südböhmischer Volkstracht marschierten vor Lannas Sarg und spielten Trauermärsche. Mit glänzendem Zylinder in der Rechten und ganz in Schwarz schritten hinter dem Sarg alle tschechischen Honoratioren der Stadt Böhmisch Budweis«, erzählt eine pensionierte Lehrerin im Budweiser Museum. »Als aber Bischof Jirsík, vor Gott als Hirte auch für die Deutsch-Österreicher verantwortlich, seine Seele dem Schöpfer übergab, blieben die Deutsch-Österreicher und die deutsch-österreichischen Stadtväter am 23. Februar 1883 dem Begräbnis demonstrativ fern. Ja, sie erlaubten nicht einmal – die Deutsch-Österreicher hatten in diesem Jahr die Mehrheit im Rathaus –, eine schwarze Fahne aus dem Fenster des Rathausgebäudes zu hängen und eine zweite am Schwarzen Turm wehen zu lassen. An diesem Tag verwandelte sich in Böhmisch Budweis der tschechisch-deutsche Zwist in eine unerbittliche Feindschaft.« Die alte Frau atmet tief durch und fügt leise hinzu: »Die schrecklichen Folgen für unsere Budweiser Deutschen und für uns Tschechen kennen wir.«

(Dezember 1993)

Ein Ruinendorf im Königswald – Prosau bei Marienbad

Das kleine Dorf Prosau bei Marienbad wurde im Mai 1945 von den Amerikanern besetzt. Als sie abzogen, kamen Prager »Revolutionäre Gardisten«, im Volksmund bis heute »Goldgräber« oder »nachträgliche Sieger des Zweiten Weltkriegs« genannt, ins Dorf und plünderten es aus. Es war allerdings nicht viel zu plündern, denn das Dorf in der rauhen Landschaft des Königswaldes war arm.

Im Hochsommer, zur Ernte 1945, kamen aus dem Inneren Böhmens und Mährens die ersten tschechischen Siedler, landlose Landarbeiter oder kleine, arme Leute, die hofften, in Prosau, das inzwischen den tschechischen Namen Mrázov bekommen hatte, schnell reich zu werden. Die erste Ernte im Sommer 1945 war ein voller Erfolg. Die aus dem Dorf noch nicht abgeschobenen Deutschen arbeiteten fleißig, die Scheunen waren voll, und das Vieh war fett.

Im Herbst 1945 mußten die Deutschen Prosau, ihre Heimat, in der sie seit dem 16. Jahrhundert gelebt hatten, verlassen. Im Mai 1946 waren die Scheunen leer, das Vieh hungerte. Die ersten tschechischen Siedler gaben ihren Traum auf, in Mrázov reich zu werden, nahmen mit, was noch zu nehmen war, und verschwanden. Vor der entscheidenden Wahl im Frühsommer 1946 waren die Gemeindeväter, alle Mitglieder der Kommunistischen Partei, in einer verzweifelten Lage: Das Dorf begann sich seit Anfang des Jahres 1946 zu entvölkern.

Die Felder waren nicht bestellt, das Vieh längst geschlachtet. Da bekam der Bürgermeister, sein Name ist schon vergessen, den Einfall, in Mrázov ein Denkmal zu errichten, das den Patriotismus der restlichen Dorfbewohner stärken sollte. Am Tag vor der Wahl im Mai 1946 wurde das Denkmal in Mrázov, das erste und auch letzte tschechische Denkmal in der Gegend von Marienbad nach Kriegsende 1945, feierlich enthüllt. Es gab Blasmusik, Freibier und sechs Redner, darunter Rudolf Slánský, damals Mitglied des Zentralkomitees der KP, der sieben Jahre später als »Zionist« und »Agent des Imperialismus« hingerichtet wurde.

Die Verse, in schwarzen Marmor gemeißelt, schrieb im Mai 1945 zu einem anderen feierlichen Anlaß der tschechische Nationalkünstler Josef Hora. Frei übersetzt und zusammengefaßt, steht auf dem Denkmal: »Wir werden Böhmen, das weite und schöne Land, das uns nach sechs Jahren wieder gehört, in ein Paradies verwandeln. Das versprechen wir

Das Denkmal in dem kleinen Dorf Prosau bei Marienbad.

unseren Befreiern Stalin und Beneš.« Bei der Wahl im Mai 1946 gaben von den 108 Wählern 105 ihre Stimme der KP. Der Weg in eine glückliche Zukunft schien offen.
Fünfzig Jahre nach der Vertreibung der Deutschen aus Prosau, nach der Errichtung des Denkmals und nach der für die tschechische KP siegreichen Wahl ist Mrázov ein Ruinendorf, nur von wenigen Tschechen bewohnt, die keine Chance mehr haben, es zu verlassen. Und auch das Denkmal ist eine Ruine.

(Januar 1996)

Von Schluss-Strichen und Vergesslichkeit – Der 24. Mai 1945 in Schwarzbach

Kein Bürger über sechzig hat das Morden am Schindanger des südböhmischen Dorfes Schwarzbach (Tušť) im Mai 1945 vergessen, nur wenige wollen jedoch daran erinnert werden. Alle im Dorf kennen den Namen des Massenmörders, nennen wir ihn Jan P., der am 24. Mai 1945 nach Einbruch der Dunkelheit 14 Bürger des Dorfes erschoß. Die noch nicht toten »erledigte« er, so erzählte er später prahlend im Dorf und in der Kneipe, in der Aasgrube mit dem Spaten. Und ein jeder in Schwarzbach und in der Umgebung kennt auch den Revolutions-Gardisten, im Mai 1945 war er Bezirksreferent für Sicherheit, Venca M., der kurz vor dem Mittagsläuten des heißen 24. Mai 1945 im Sitzungsraum des Gemeinderates den Rächer und Scharfrichter spielte, nach einem kurzen Verfahren 14 Todesurteile fällte, mit der Faust auf den Tisch schlug und die verängstigten Gemeinderäte anbrüllte: »Wer die Todesurteile nicht billigt, geht in die Aasgrube!«

Am nächsten Tag verurteilte Venca M. im benachbarten Rottenschacher (Rapšach) 26 Menschen zu Tode. Das Urteil, auf Schreibmaschine getippt, lautet: »Ich erkläre hiermit, daß ich die Tschechoslowakische Republik verraten habe und für meinen Verrat den Tod verdiene.« Alle Verurteilten unterschrieben ihr eigenes Todesurteil. Alle Mitglieder des Gemeinderats von Rottenschacher bestätigten mit ihren Unterschriften das Urteil über 26 Bürger des Dorfes.

Fünfzig Jahre danach kann sich keiner von den revolutionären Gemeindevätern von Schwarzbach und von Rottenschacher an das mörderische Gerichtsverfahren erinnern; alle sind schon gestorben. Nur Jan P. lebt, der damals das Gebiet von Weitra mit seiner Maschinenpistole von den Deutschen säuberte. Jan P., heute Rentner, erholt sich auch in diesem Sommer von der schlechten Luft in Prag auf seiner Datscha in Südböhmen. In seinem Versteck, Franta zeigt sich nicht mehr in der Öffentlichkeit, wird er von Verwandten und von einem scharfen deutschen Schäferhund bewacht.
Franta hat alles vergessen, er will nichts mehr wissen. Nein, am 24. Mai 1945 vor Mitternacht ist er gar nicht in Schwarzbach gewesen, vielleicht früher oder später, er kann sich nicht mehr erinnern. Alles, was man im Dorf, in den Zeitungen und im Rundfunk heute über ihn redet und schreibt, ist böser Unsinn von Leuten, denen er in der Kneipe nicht die Zeche zahlen wollte. Es ist richtig, einige Partisanen, ihre Namen hat er auch schon vergessen, haben in Schwarzbach einige Faschisten und Verräter abgeknallt. Aber was soll's, der Teufel soll die Deutschen holen! Sie interessieren ihn nicht, er will sich jetzt nur täglich ordentlich den Bauch vollstopfen, alles andere kann ihm gestohlen bleiben.
Sein Name wird im Dorf entweder nicht ausgesprochen oder nur geflüstert. »Naja«, sagt ein alter Mann auf der Bank vor dem Elektrogeschäft, »ich habe auch etwas über die Deutschen in Schwarzbach gehört und über diesen Mörder, wie heißt er nur? Na bitte, ich habe seinen Namen auch schon vergessen! Ich sage: Tote soll man ruhen und Lebendige leben lassen.«
František Beneš, 1945 Beamter bei der Grenzwache, wollte nach der sanften Revolution und nach der Wende nicht mehr schweigen. Am 6. März 1991 gab er unter Eid dem Bezirksstaatsanwalt zu Protokoll: »Am 24. Mai 1945 zwischen

21 und 22 Uhr rissen mich Schüsse aus dem Schlaf. Ich schaute aus dem Fenster und sah am Straßenrand gegenüber am Schindanger eine Gruppe von gefesselten Menschen, einige Revolutions-Gardisten und viele Leute aus dem Dorf. Ich zog meine Uniform an und lief aus dem Haus. Als ich am Schindanger ankam, wurden gefesselte Menschen einer nach dem anderen zu einer Grube geführt. Jan P., den ich gut kenne, denn wir sind im Dorf aufgewachsen, hat sie dort mit einer deutschen Maschinenpistole Kaliber 9 Millimeter erschossen. Venca M., der Revolutions-Gardist, Bezirksreferent für Sicherheit und Scharfrichter in einer Person, stand abseits und schaute zu, wie sein Freund seine Todesurteile vollstreckte. Als letzte wurde Frau Olga Vlčková zur Grube geschleppt; Jan schoß ihr aus unmittelbarer Nähe in den Kopf.« Am nächsten Tag zogen Venca M. und Jan P. ins benachbarte Rottenschacher; dort verurteilte Venca M. 26 Bürger zum Tode. Als Josef Bártl, damals Hauptmann der tschechoslowakischen Gendarmerie, von den Vorbereitungen für einen Massenmord in Rottenschacher erfuhr, eilte er ins Dorf. Am 17. September 1991 sagte er auf der Staatsanwaltschaft in Brünn unter Eid aus: »Als ich nach Rottenschacher kam, begegnete ich vor der Kirche einem jungen Mann mit Maschinenpistole. ›Morgen werde ich alle erschießen‹, meldete er mir. Noch am selben Tag erfuhr ich, daß es Jan P. war, der einen Tag vorher in seinem Heimatdorf 14 Menschen ermordet hatte.«

Hauptmann Bártl ist es gelungen, alle 26 von Venca M. zum Tode verurteilten Deutschen aus Rottenschacher in der Nacht vor der Hinrichtung ins Bezirksgefängnis zu bringen. Dort wurden sie verhört und alle, bis auf vier, die später ein ordentliches Gericht zu Gefängnisstrafen verurteilte, wurden am nächsten Tag vom Staatsanwalt nach Hause geschickt.

Für seine Tapferkeit mußte der Gendarmerie-Hauptmann Josef Bártl nach der kommunistischen Machtergreifung im Februar 1948 büßen. Er wurde als Staatsfeind zum Tode verurteilt, kurz vor der Hinrichtung begnadigt und saß dann 15 Jahre als Sklave im schrecklichsten Straflager westlich von Moskau, in den Uranbergwerken von Joachimsthal. Jan P., der Massenmörder, machte nach dem kommunistischen Putsch von 1948 Karriere im Staatssicherheitsdienst.

In der tschechischen Presse und im Rundfunk wird seit drei Jahren immer wieder über das Mördergespann vom Mai 1945 im Weitra-Gebiet berichtet. In mehreren Artikeln und Rundfunksendungen wurden Jan P. und Venca M. mit ihrem Namen genannt. Dieser Versuch einer tschechischen Vergangenheitsbewältigung hat allerdings schon Opfer gefordert. Drei Journalisten, die offen über den Massenmord in Schwarzbach, über den Revolutions-Gardisten, Bezirksreferenten für Sicherheit und Scharfrichter Venca M. und über seinen Henker Jan P. berichteten, wurden aus dem Rundfunksender in České Budějovice (Budweis) und aus zwei Tageszeitungen entfernt.

Aber es rührt sich etwas in diesem mörderischen Fall. Ferdinand Korbel, der Sohn des von Jan P. am 24. Mai 1945 ermordeten Landwirtes Josef Korbel hat gegen den Massenmörder von Schwarzbach beim Kreisgericht in České Budějovice Klage erhoben. Am 16. März 1992 teilt das Kreisgericht dem Kläger mit, daß die Taten des Jan P. – das Gericht nennt ihn mit richtigem Namen und führt seine Anschrift an – schon am 25. Mai 1965 verjährt seien. Der Generalstaatsanwalt der Tschechischen Republik schließt sich in seinem Beschluß vom 14. April 1992 der Ansicht des Kreisgerichtes in České Budějovice an, soweit sie die Verjährung betrifft, entlastet aber dazu Jan P. vom Verdacht, am

24. Mai 1945 ein Verbrechen gegen die Menschheit begangen zu haben, denn »dem Täter kann nicht die Absicht, eine Gruppe von Menschen zu vernichten oder Völkermord vollbracht zu haben, nachgewiesen werden. Die Opfer seiner Attacke waren konkrete Menschen, die sich in der Zeit der deutschen Okkupation angeblich feindlich gegenüber ihren Mitbürgern verhielten.«
Eine Redakteurin des Prager Rundfunks berichtete unlängst in einer Sendung über die Ereignisse in Schwarzbach und den Mord an 14 angeblichen Faschisten, die in den Jahren 1938 und 1939 konspirative Kontakte mit führenden

Das Massengrab am Schindanger in Tušt. František Korbels Vater wurde hier Ende Mai 1945 von einem sogenannten Revolutions-Gardisten zusammen mit 14 anderen Deutschen ermordet.

Nazis in Österreich, ja sogar in der Münchener Zentrale der NSDAP gepflegt haben sollten. Und überhaupt soll das kleine und arme Dorf Schwarzbach eine bedeutende Nazi-Zentrale gewesen sein. Die Journalistin vom Prager Rundfunk stört es nicht, daß im Mai 1945, also schon in der erneuerten Tschechoslowakischen Republik, die sich auf den Humanismus des ersten Staatspräsidenten, des Philosophen T. G. Masaryk, stützte und sich immer wieder auf die demokratische Tradition der ersten Republik nach 1918 berief, nicht einmal versucht wurde, die Schuld oder Unschuld von 14 hingerichteten Schwarzbachern vor einem ordentlichem Gericht und in einem rechtmäßigen Gerichtsverfahren zu ermitteln. Frau E. K. betrachtet die Morde von Schwarzbach als eine unvermeidliche Folge von Verbrechen der Nazis gegen das tschechische Volk.
Auf die Frage: Waren alle 14, die Venca M. von seinem Komplizen Jan P. am Schwarzbacher Schindanger ermorden ließ, tatsächlich Deutsche oder deutscher Nationalität?, gibt die Geschichte des armen, sandigen und unfruchtbaren Weitra-Gebietes eine ziemlich komplizierte Antwort: Das Weitra-Gebiet, einige Dörfer nördlich vom österreichischen Gmünd, war seit dem 13. Jahrhundert nie Bestandteil des böhmischen Königreiches, sondern gehörte zu Österreich. Ein Teil der Bevölkerung, sieben Jahrhunderte Untertanen der österreichischen Kaiser, später Bürger der habsburgischen Monarchie, sprach und fühlte tschechisch. Bis August 1920 gehörte das Weitra-Gebiet zu Österreich. Erst am 9. August 1920 setzten sich tschechoslowakische Diplomaten auf der Friedenskonferenz in Saint-Germain durch, und die Tschechoslowakische Republik bekam aus militärisch-strategischen Gründen das Weitra-Gebiet zugesprochen und den Eisenbahnknotenpunkt, der dann České Velenice hieß. Im Vertrag über die Eingliederung des Weitra-Gebietes in die Tschechoslowakische

Republik mußte die Prager Regierung dem österreichischen Teil der Bevölkerung Sicherheit, Minderheits- und alle Bürgerrechte garantieren. Dieser Sonderstatus des österreichischen Landstriches, der nie in seiner Geschichte zu Deutschland gehörte, war der Grund, weshalb der tschechoslowakische Staatspräsident Dr. Edvard Beneš die Anwendung seiner berüchtigten Dekrete, die 1945 die Vertreibung der deutschsprachigen Bevölkerung aus der Tschechoslowakei gesetzestechnisch absichern sollten, im Weitra-Gebiet nicht zulassen wollte; er wollte den Schein der Rechtmäßigkeit der Grenzziehung im Jahr 1920 bewahren. Alle Bürger des Weitra-Gebietes, seit eh und je keine Deutschen, sondern Österreicher, sollten, auch wenn sie nach 1939 ebenso wie alle Österreicher im März 1938 Reichsdeutsche geworden waren, nach der Erneuerung der Tschechoslowakischen Republik im Jahr 1945 wieder tschechoslowakische Bürger werden. Die revolutionären Ereignisse im Mai 1945 und im Weitra-Gebiet zwei Gardisten und Mörder im patriotischen Gewand haben diese Lösung verhindert.
In Schwarzbach hat also der revolutionäre Gardist, Bezirksreferent für Sicherheit und Scharfrichter Venca M. nicht deutsche, sondern tschechoslowakische Staatsbürger österreichischer Nationalität zum Tode verurteilt. Sein Henker, Jan P., hat folglich 14 tschechoslowakische Bürger ermordet. Unter den hingerichteten Bürgern von Schwarzbach lesen wir Namen wie Josef Benda, Karel Kocina, Josef Kroupík, Karel Smolek, Teresie Smolková und Olga Vlčková. Seit sieben Jahrhunderten kann sich in diesem Grenzgebiet keiner, weder ein Tscheche noch ein Österreicher, ganz sicher für seine Zugehörigkeit zur tschechischen oder zur österreichischen Kultur verbürgen. Venca M. und Jan P. lösten das Problem mit Mord.
Die Bürger von Schwarzbach waren in den Jahren von 1938

bis 1945 keine Engel. Viele Tschechen »gaben sich zu den Deutschen«, nur um der Armut zu entkommen und bei der Eisenbahn, dem einzigen Brotgeber weit und breit, arbeiten zu können. Die meisten deutschsprachigen Schwarzbacher waren bestimmt Bewunderer Hitlers, viele waren Mitglied der NSDAP. Vor 1920, als Schwarzbach zu Österreich gehörte, war das Dorf vorwiegend deutschsprachig. Bei der Volkszählung im Jahr 1930 meldeten sich allerdings von den 1665 Einwohnern nur noch 16 zur österreichischen Nationalität. Im Jahr 1939 wohnten im Dorf wieder vorwiegend deutschsprachige Bürger. In nicht ganz zwei Jahrzehnten wechselte die Mehrzahl der Schwarzbacher dreimal ihre Nationalität. Die Armut, das Leben an der Grenze, wo es immer wieder ums Überleben ging, fördern nicht eben den Charakter. Aber: Ist so ein Versagen ein Grund dafür, Menschen zu ermorden und in eine Aasgrube zu werfen?
Und ist es nicht auch absurd, daß der Mörder von Schwarzbach als Mitglied des »Tschechischen Verbandes der Kämpfer für Freiheit« und als KZ-Häftling, der allerdings in Mauthausen nicht wegen Politik, sondern wegen versuchten Mordes an einem Lagermeister in einer Fabrik in Gmünd saß, Anspruch auf Entschädigung für Opfer der nazistischen Herrschaft erhoben hat? Wenn die Bundesrepublik Deutschland tschechische Opfer der Okkupation der Tschechoslowakei in den Jahren von 1938 bis 1945 entschädigt, wird die Rente von Franta P. aus der deutschen Staatskasse aufgebessert.
Der Fall des revolutionären Gardisten, Referenten für Sicherheit und Scharfrichters Venca M. liegt anders als die Geschichte seines Henkers. Venca M. war überzeugter Kommunist, er hat eine Tochter eines jüdischen Bauern aus Schwarzbach geheiratet. Im Jahre 1941 wurde Venca M. von der Gestapo wegen illegaler Propaganda gegen Hitler und gegen

das Reich verhaftet. Ins KZ wurde er mit dem Vermerk in seiner Akte »RU« – »Rückkehr unerwünscht« – eingeliefert. Venca M.s Frau und ihre jüdischen Eltern, Bauern, die sich gerade über Wasser halten konnten, wurden in Auschwitz ermordet. Als Venca M. Anfang Mai 1945 aus dem KZ nach Hause kam, dachte er nur an Rache. Die Schuldigen für seine Verhaftung, für den Tod seiner Frau und seiner Schwiegereltern fand er, von Rachedurst verblendet, in den Reihen seiner deutschsprachigen Nachbarn. Unter den getöteten Bürgern von Schwarzbach, die in der Aasgrube ihr Leben beendeten, war auch die Gastwirtin Teresie Smoliková, die sich zwar nach 1939 als Deutsche gemeldet hatte, aber nach Vencas Verhaftung gemeinsam mit der Familie Kregel Venca M.s Tochter Olga, die nach dem Tod ihrer jüdischen Großeltern im Dorf allein ohne Mittel und Zuhause geblieben war, das Überleben ermöglichte.
Der pensionierte Beamte der Grenzwache František Beneš sagte zu Venca M.s Fall aus: »Mein Bekannter L. Sch., Vencas Freund, sagte mir, daß der ehemalige revolutionäre Gardist, Bezirksreferent für Sicherheit und Scharfrichter im Jahr 1968 die Last seines Gewissens nicht mehr ertragen konnte, keinen anderen Ausweg sah, als sich an der Wohnungstür zu erhängen.
O. M., Vencas Tochter, weinte unlängst vor dem Mikrophon des Prager Rundfunks: »Meinen Vater haben sie, als er aus dem Konzentrationslager nach Hause kam, gehetzt, immer nur gehetzt. Er mußte Probleme lösen, die kein anderer lösen wollte. Und Sie können sich gar nicht vorstellen, wie sich unsere Leute nach dem Krieg denunzierten, am meisten jene, die viel Dreck am Stecken hatten. Mein Vater, ein ehrlicher Mensch, der nie auf seine Vorteile achtete, hat darunter sehr gelitten.«
1992 wurden die Überreste von 14, genau gezählt 15 ermor-

deten Bürgern – in der Schwarzbacher Aasgrube hatte man überraschenderweise ein fünfzehntes Skelett gefunden – mit Hilfe des österreichischen Schwarzen Kreuzes in das österreichische Gmünd überführt und auf dem Gemeindefriedhof beigesetzt.

Fünfzehn ermordete Bürger aus Schwarzbach wurden 47 Jahre nach ihrer Hinrichtung aus ihrer Heimat abgeschoben. Der Grund? Der Gemeinderat von Schwarzbach lehnte den Antrag der Hinterbliebenen ab, ein Denkmal über dem Massengrab auf dem ehemaligen Schindanger zu errichten. Jetzt sollen noch drei am 8. Mai 1945 ermordete Österreicher, eigentlich auch tschechoslowakische Staatsbürger, der Bürgermeister von Klößlerdorf, Alfred Apfelthaler, und zwei unbekannte Personen, exhumiert und nach Gmünd umgebettet werden. Für Schwarzbach wird damit die mörderische Geschichte aus dem Jahr 1945 abgeschlossen. Man wird sie endlich vergessen können.

Für Ferdinand Korbel, dessen ermordeter Vater jetzt im gemeinsamen Grab in Gmünd ruht, ist die mörderische Geschichte aber noch nicht abgeschlossen. Mit seinen Freunden will er die Unterlagen, an die 300 Seiten, über den Massenmord in Schwarzbach und über den noch lebenden Massenmörder Franta dem Internationalen Gerichtshof in Den Haag übergeben. Der letzte Zeuge des Massenmordes am Schwarzbacher Schindanger, der ehemalige Beamte der Grenzwache František Beneš sagte: »Wenn es darauf ankommen sollte, dann bin ich bereit, auch vor dem hohen Gericht in Den Haag gegen die Lüge, gegen die opportunistische Vergeßlichkeit vieler meiner Zeitgenossen und für die Wahrheit auszusagen. Die Schwarzbacher mörderische Geschichte darf nicht unter einem Schlußstrich in der Aasgrube des vorsätzlichen Vergessens oder Verschweigens verschwinden.«

(August 1995)

Stalin und Gagarin überlebt – Johann Wolfgang von Goethe in Asch

Der östlichste oder der westlichste Johann Wolfgang von Goethe in den ehemaligen sozialistischen Ländern, der erste oder der letzte Geheimrat aus Weimar in der Tschechischen Republik – es kommt in beiden Fällen auf den Standpunkt des Betrachters an oder ob man aus dem Land ein- oder ausreist – steht seit Goethes hundertstem Todestag im Jahr 1932 in Asch. Nur zwei deutsche Künstler, Goethe in Karlsbad und in Asch und Ludwig

»Durfte nach 1945 stehenbleiben« – das Goethe-Denkmal in Asch.

van Beethoven in einer Karlsbader Parkanlage, wurden nach der Vertreibung der Deutschen aus der Tschechoslowakei im Jahr 1945 von ihren Sockeln nicht heruntergeholt.
Friedrich Schiller, Richard Wagner, »Turnvater« Friedrich Ludwig Jahn, Friedrich Nietzsche, ja sogar Walther von der Vogelweide und viele andere berühmte Deutsche, in Bronze gegossen oder in Stein gemeißelt, wurden dagegen in der Tschechoslowakei nach 1945 von ihrem Podest gestürzt.
Jedenfalls: J. W. v. Goethe hat in Asch und in Westböhmen auch solche Größen wie Stalin, Lenin, den ersten proletarischen Präsidenten der Tschechoslowakei, Gottwald, ja sogar den ersten Kosmonauten Gagarin überlebt, der noch vor zwei Jahren in voller Ausrüstung vor der Sprudelkolonnade in Karlsbad stand. Aber alle diese Mächtigen und Helden der vergangenen sozialistischen Epoche gibt es seit 1990 nicht mehr. Ihre Sockel sind leer.
Über das Schicksal von J. W. v. Goethe nach 1945 in Asch war offiziell nichts zu erfahren, nur eben die Tatsache, daß er »dort stehenbleiben durfte«. Der alte Imre, ein ehrwürdiger Roma, der die Welt kennt, weiß aber über Goethes Rettung zu berichten: »Ende der fünfziger Jahre wollten nicht unsere, sondern fremde Zigeuner den schönen Granit, auf dem dieser Deutsche steht, klauen und an einen staatlichen Steinmetz nach Prag verhökern, der den wertvollen Stein für das Grabmal des verstorbenen tschechischen Dichters Vítězslav Nezval verwenden wollte. Aber wir, die Zigeuner aus Asch, haben diesen Diebstahl nicht zugelassen, es ging ja schließlich auch um unseren guten Ruf in der Stadt.« – »Und das soll ich Ihnen glauben?« fragte der Besucher den alten Mann. »Sie müssen es mir nicht glauben«, erwiderte Imre, »aber eine andere Geschichte über Goethe in Asch bekommen Sie nicht mehr zu hören.«

(Oktober 1993)

Gibt es überhaupt ein Mähren? – Der Widerstand gegen die »Pragozentristen«

Es gibt kein Böhmisches Königreich, keine Tschechoslowakische Republik, keine Tschechoslowakische Sozialistische Republik und keine Tschechische und Slowakische Föderative Republik mehr. In keinem der zahlreichen Namen des tschechischen Herzogtums, des böhmischen Königreiches, der tschechoslowakischen oder der tschechischen Republiken kam Mähren vor. Nur in einem Fall spielte die Geschichte Mähren einen üblen Streich: Als Adolf Hitler im März 1939 die Resttschechei besetzen ließ, gründeten die Nazis das »Protektorat Böhmen und Mähren«. Und das war in der tausendjährigen Geschichte des tschechischen Herzogtums, des böhmischen Königreiches und der tschechischen Republiken zum ersten und auch zum letzten Mal, daß Mähren offiziell im Namen eines tschechischen Staates erwähnt wurde.

Für den mährischen Lyriker Jan Skácel stand es fest, daß es ein Mähren gibt und daß Mähren schon deswegen ein wunderliches Land ist, weil es Mähren zugleich auch nicht gibt. Diesen Widerspruch erklärte Jan Skácel im Juli 1989, vier Monate vor seinem Tod, mit einer Geschichte über die mährische Nationalhymne: »Die tschechoslowakische Staatshymne besteht aus zwei Liedern, dem tschechischen ›Kde domov můj‹ (Wo ist meine Heimat?) und dem slowakischen Lied ›Nad Tatrou se blýská hromy divo bijú‹ (Über der Hohen Tatra blitzt und donnert es). Zwischen den beiden Liedern gibt es eine Atempause, und diese Atempause, das Aufatmen, die Stille – das ist die mährische Nationalhymne. Und wir, die Mährer sind auf diese kurze Stille und auf die Atempause sehr stolz, denn sie ist überhaupt die schönste Nationalhymne auf der Welt.« Jetzt, nach der Teilung der Republik wird als tschechische Nationalhymne nur »Kde domov můj?« gesungen. Die Stille, das kurze Aufatmen, diese wunderschöne mährische Hymne, gibt es nicht mehr.

»Mähren«, beklagt der Vorsitzende der Mährischen Schriftstellergemeinde und Mitglied der Mährischen Akademie Jan Trefulka, »kommt auch in der erneuerten tschechischen Demokratie und in der Tschechischen Republik nur in den Wettervorhersagen vor.« Jan Trefulka regt sich schon seit zwei Jahren über die »Unverschämtheit« der »Pragozentristen« auf, die Mähren auf dem stillen Wege der neuen Gebiets- und Verwaltungsreform ausradieren möchten: »Es ist leider so«, sagte er, »daß die Prager Politiker auch heute noch Brünn als das zweite Kulturzentrum der erneuerten tschechischen Demokratie und Mähren als ein Land mit eigener Geschichte, Tradition und Kultur, auf die sich die Mährer seit dem 9. Jahrhundert stützen, als sie ihr Großmährisches Reich gründeten, nicht akzeptieren wollen. Es besteht die Gefahr, daß Mähren in der pragozentrisch neu organisierten tschechischen Demokratie seine Identität verliert und nach der Gebietsreform, wie sie der Premier Václav Klaus und seine konservative bürgerlich-demokratische Partei im Parlament durchzusetzen versucht, politisch, kulturell und auch ökonomisch zu einem ganz von Prag gesteuerten Anhängsel degradiert wird.«

Die Mährer übertreiben nicht, wenn sie behaupten, daß ein wesentlicher Teil jener Literatur, die im Westen für tschechische Literatur gehalten wird, mährische Literatur ist: Milan Kundera ist ein Mährer genauso wie Jan Trefulka, Ludvig Vaculík, František Halas, Oldřich Mikulásěk, Jan Skácel, Ludvík Kundera, Vítězslav Nezval, Jirí Wolker... Die Mährer sind auch immer ein wenig verärgert, wenn der Name ihres Leoš Janáček in einem Atemzug mit dem tschechischen Friedrich Smetana genannt wird. Mit dem – wie viele Mährer spotten – »Wagnerianer« Smetana hatte der selbstironische, gesellschaftskritische Mährer Janáček nichts gemein.

Es sind mährische Dichter und Intellektuelle, die für Mähren in den Kampf gegen die Pragozentristen ziehen. Die neu gegründete Mährische Akademie für Bildung, Wissenschaft und Kunst, eine Vereinigung von 100 (in einigen Wochen sollen es 300 werden) führenden Persönlichkeiten des mährischen öffentlichen und kulturellen Lebens, will keine politische Partei werden, sondern eine Bürgerinitiative für die Verteidigung von mährischen Interessen. Das Programm der Mährischen Akademie ist leicht überschaubar: Die Mährer wollen ihre Kultur selbst verwalten und sich nicht mehr von Prag aus verwalten lassen; die Mährische Akademie will die Sache Mährens nicht nur in Prag, sondern auch im Ausland vertreten. Ein politisch gewagter Anspruch, wenn man bedenkt, daß dem konservativen Premier Václav Klaus jede Eigenständigkeit und jede Bürgerinitiative verdächtig ist – von den grenzüberschreitenden Regionen, die versuchen, ihre eigenen kulturellen und ökonomischen Beziehungen zu Bayern, Sachsen, Polen und Österreich zu entwickeln, bis zu politischen und kulturellen Stiftungen, die sich der staatlichen Kontrolle entziehen.

Wie weit will die Mährische Akademie in ihrer Opposition gegen den Pragozentrismus gehen?

»An ein souveränes Mähren denken wir überhaupt nicht«, antwortet der Dichter Jan Trefulka. Seinen slowakischen Kollegen, die die bittere Erfahrung der zweijährigen Existenz einer Slowakischen Republik nicht verkraften können,

fallen zwei slowakisch-mährische Gemeinsamkeiten auf: Der slowakische Protest fing nach 1990 auch mit einer harten Kritik des Pragozentrismus an und bestand zuerst auf einer von Prag unabhängigen Selbstverwaltung des slowakischen kulturellen Lebens. Zum Unterschied zu seinen slowakischen Kollegen – Dichtern, die sich immer noch als Tschechoslowaken sehen – sieht Jan Trefulka den wesentlichen Unterschied zwischen der Entwicklung in der Slowakei, die zum Zerfall der Tschechoslowakei führte, und der im heutigen Mähren darin: Der slowakische Widerstand gegen den Pragozentrismus wurde in den Jahren 1990 bis 1993 von einem volkstümlichen slowakischen Patriotismus getrieben, ja manchmal schon von Chauvinismus, der nur ein einziges Ziel hatte – eine souveräne Slowakei. In Mähren dagegen, wo es keinen hysterischen mährischen Chauvinismus gibt, sondern ein erwachtes mährisches Selbstbewußtsein, wird die heutige Opposition gegen Václav Klaus und gegen den Pragozentrismus von führenden mährischen Intellektuellen und Kommunalpolitikern getragen.«
Im September will das Tschechische Parlament in Prag über die neue Gebiets- und Verwaltungsreform diskutieren und abstimmen. Die mährischen Dichter und Intellektuellen erwartet ein heißer August und ein Kampf an zwei Fronten: gegen die »Pragozentristen« und gegen profilsüchtige mährische Politiker, die ihre Süppchen im Schatten der Mährischen Akademie für Bildung, Wissenschaft und Kunst kochen wollen. Ein sogenannter mährischer Patriot, ein Ingenieur Horák, der in die große mährische Politik will, hat sich schon zu Wort gemeldet: Wer ihm auf sein privates Konto 40 Kronen überweist, ließ er verkünden, darf an einem von ihm organisierten Referendum für Mährens »Befreiung« aus Prags Herrschaft teilnehmen.

(August 1994)

»Ich habe noch eine Heimat!« – Rückkehr nach Schönwald

Für den Bürgermeister von Lesná, einst Schönwald bei Tachau, Stanislav Koda, vor der Wende eine Zeitlang Abgeordneter für die KP im damaligen Parlament der Tschechoslowakischen Sozialistischen Republik und heute noch Mitglied der neuen, nicht mehr marxistischen, sondern nur noch fortschrittlichen Kommunistischen Tschechischen Partei, ist der Fall der aus Bayern in ihre Heimat zurückgekehrten sudetendeutschen Familie Pastorek zwar ein wenig unübersichtlich. Aber, das darf nicht verschwiegen werden, Koda hat für die Rückkehrer sein Bestes getan.

Noch im Juni 1991 berichtete die Regionalpresse im bayerischen Landkreis Cham über einen mehr als zehn Jahre dauernden, durch alle Instanzen bis zum Bundesverwaltungsgericht in Berlin ausgetragenen Streit der Familie Pastorek mit dem Bürgermeister von Falkenstein und mit dem Landratsamt über ein Holzhaus, das sich die Familie Pastorek schwarz auf ihrem im Jahr 1982 erworbenen Grundstück in Perlbachtal gebaut hatte und das sie auch seit Jahren bewohnte. Als der Bürgermeister von Falkenstein und ein Beauftragter des Landratsamtes in das schwarz gebaute Haus gekommen waren, um mit Pastorek über seinen Umzug in eine Ersatzunterkunft zu verhandeln, wollte Helmut Pastorek, wie schon so oft früher, davon nichts hören. Er sagte: »Von diesem Grund gehe ich nie mehr herunter. Man hat

mich 1946 aus der Tschechoslowakei vertrieben, und ich lasse mich nicht noch einmal von den Bayern vertreiben.«
Das verworrene Problem mit Pastoreks Holzhaus löste in letzter Instanz das Bundesverwaltungsgericht in Berlin. Es bestätigte, daß die Familie einen Schwarzbau bewohne und ihn räumen müsse. Als Helmut Pastorek die Entscheidung des Gerichtes in Berlin las, gab er auf. »Ich habe noch eine Heimat!« soll der im Jahr 1946 vertriebene Sudetendeutsche trotzig ausgerufen haben. Er packte seine Habe zusammen, verkaufte das Grundstück und zog mit Frau und Sohn über die nun offene böhmische Grenze zurück in die Heimat seiner Väter, nach Schönwald, das jetzt Lesná heißt.
Vor nicht ganz zwei Jahren in seinem Heimatdorf angekommen, aus dem er 1946 vertrieben worden war, verursachte der Rückkehrer Wirrwarr. Auf der Straße konnten die Gemeindeväter von Lesná Pastorek und seine Familie nicht lassen. Eine Wohnung aber gab es für die Rückkehrer nicht. Zur Verfügung stand nur eine leere Hausruine unterhalb der Kirche. Die Pastoreks gaben sich damit fürs erste zufrieden.

Ein Schandfleck

Wie es das Gemeindeamt schaffte, daß die Pastoreks, alle deutschen Staatsbürger, bald eine Aufenthalts- und Arbeitsbewilligung und tschechische Personalausweise für fremde Staatsbürger mit Daueraufenthalt in der Tschechischen Republik erhielten, war nicht genau zu erfahren. »Na ja, wissen Sie«, sagte ein Beamter der Bezirkshauptmannschaft in Tachov, »es gibt, ich denke dabei an den Fall Pastorek, auch in der Gesetzgebung krumme Wege, die zum guten Ziel führen...«
Die Ruine, in der die Pastoreks notdürftig untergebracht wurden, wuchs der sudetendeutschen, aus Bayern in ihre

Herr Pastorek: »Ich möchte das Haus kaufen und renovieren.«

Heimat zurückgekehrten Familie allmählich ans Herz. Eines Tages kam Helmut Pastorek zum Bürgermeister und sagte: »Ich möchte das Haus kaufen und renovieren.«
Bürgermeister Koda wurde verlegen. So scheint er überlegt zu haben: Laut Gesetz dürfen fremde Staatsbürger in der Tschechischen Republik weder Grundstücke noch Häuser erwerben. Auf der anderen Seite jedoch ist die Ruine ein Schandfleck mitten im Dorf. Kein Tscheche will das Haus haben, keiner möchte es renovieren. Die Pastoreks aber müßten noch fünf Jahre im Dorf leben, um nach dem Gesetz tschechische Staatsbürger werden und somit das Haus als Eigentum erwerben zu können. Kann man einer Familie zumuten, fünf Jahre in einer Ruine zu hausen?
Es gibt Gesetze und Fälle, die man im Namen einer guten Sache ein wenig zurechtbiegen muß, damit die Gerechtigkeit eine Chance bekommt. So geschah es in Lesná. Ein junger Rechtsanwalt, Mitglied des Gemeinderates, so ist von Helmut Pastorek zu erfahren, hatte den Einfall, eine Gesellschaft mit beschränkter Haftung zu gründen, in der laut Gesetz tschechische Staatsbürger die Mehrheit, nicht aber das Geld haben müssen. Helmut Pastorek, Mitglied der Gesellschaft und deutscher Bürger, durfte zwar in der GmbH nicht die Mehrheit haben, dafür aber das notwendige Kapital, mit dem das einzige Eigentum der Gesellschaft, die Ruine, in der die Pastoreks wohnten, renoviert werden konnte.

Dorfgemeinschaft

»Und wenn ich nach fünf Jahren tschechischer Staatsbürger bin«, sagt Helmut Pastorek, »dann lösen wir die GmbH auf, und das Haus wird im Grundbuch auf mich und meine Familie umgeschrieben.« – »Haben Sie keine Angst, daß Sie von Ihren tschechischen Gesellschaftern betrogen werden?« Darauf antwortet Frau Pastorek, geboren in Bayern: »Wir wurden sofort in die Dorfgemeinschaft aufgenommen, wir gehören in Lesná dazu. Die Nachbarn helfen uns, und Menschen, die sich gegenseitig helfen, betrügen sich nicht. Und daß ich noch nicht Tschechisch spreche? Kein Problem, vorläufig rede ich mit den Händen.«

Die Wohnung im Haus haben die Pastoreks schon hergerichtet, die Heizung funktioniert, das Wasser fließt, die Familienfotos hängen an der Wand. Frau Pastorek schenkt ihren ersten, in Lesná selbstgemachten Himbeerwein ein; er ist süß und duftet nach frischen Früchten. Im Frühling be-

Frau Klothilde Pastorek verständigt sich tschechisch nur mit ihren Händen.

kommt das Haus einen neuen Verputz. Dann wird der Garten neu angelegt, und später, wenn das Geld da ist, wird eine Garage für zwei Autos ausgebaut. Roland Pastorek, der Sohn, zieht im Dorf eine Diskothek auf, die allerdings noch ein Verlustgeschäft ist. »Aber«, sagt er, »ich sehe eine Marktlücke: In den umliegenden Dörfern gibt es für die Jugend nichts, kein Kino, keine Disko. So habe ich mich entschlossen, es mit einer Disko zu riskieren.«

In den ersten Monaten nach der Öffnung der tschechisch-bayerischen Grenze waren Sudetendeutsche, die in den Jahren 1945 bis 1946 aus Schönwald-Lesná vertrieben worden waren, nicht einmal als Touristen willkommen. Das hat sich in den vergangenen zwei Jahren geändert, nachdem der Sudetendeutsche Pastorek in seine alte Heimat zurückgekehrt war: Sudetendeutsche, 1945 aus Lesná vertrieben, sind in ihrem Heimatdorf nun willkommene Gäste. Die Rückkehr der Familie Pastorek, wahrscheinlich die erste Rückkehr einer sudetendeutschen Familie in ihre böhmische Heimat, ist aber noch nicht der Durchbruch. Immer wieder führt die Rückkehr einer sudetendeutschen Familie nach Lesná zu Diskussionen über das deutsch-tschechische Verhältnis.

Eine Rückkehr von Sudetendeutschen als Volksgruppe nach Lesná oder in die tschechische Republik kommt für Bürgermeister Koda nicht in Frage. Er setzt auf das allmähliche Aussterben der alten Sudetendeutschen, auf die Gleichgültigkeit der zweiten und dritten sudetendeutschen Generation gegenüber ihrer Heimat und auf ein vereintes Europa. »Wieso können Sie sich ein gemeinsames Leben mit den Deutschen in Europa, nicht aber in Ihrem Dorf vorstellen?« Die Frage verwirrt den Bürgermeister. Er antwortet nicht und schimpft auf den deutschen Außenminister Kinkel wegen dessen Zweifeln am Potsdamer Abkommen, soweit es die Vertreibung der Deutschen betreffe. Der orthodoxe Pfarrer

Josef Hauzar hält alle Sudetendeutschen für schuldig an der Zerstörung der Tschechoslowakischen Republik und am Zweiten Weltkrieg; die Vertreibung sei, rechtlich gesehen, in Ordnung, denn sie wurde, so der orthodoxe Pfarrer, von den Siegermächten beschlossen.
Und wie kam ein orthodoxer Pope in das bis 1945 katholische Schönwald? Nach der Vertreibung der Deutschen aus dem Dorf besiedelten Schönwald, das den neuen Namen Lesná bekam, Tschechen und Ruthenen aus der Ukraine und aus Rumänien, vorwiegend orthodoxe Gläubige. Die katholische Kirche in Lesná wurde Ende der vierziger Jahre vom Staat der orthodoxen Kirche übergeben. Das sollte sich als nützlich erweisen: Die Kirche in Lesná ist weit und breit die einzige, die nicht ausgeplündert wurde und nicht vom Verfall bedroht ist.
In Lesná gibt es auch eine patriotisch-radikale tschechische Stimme zu hören. Herr Novotny, der Fotograf aus Tachov, sagt: »Sollte es zu einer Rückkehr der Sudetendeutschen kommen, gibt es hier sofort Bürgerkrieg.« Helmut Pastorek, seine Frau und sein Sohn spüren von bürgerkriegsähnlichen Zuständen nichts. Im Gegenteil: Sie fühlen sich in Lesná sicher; die Leute mögen sie, und sie mögen ihre Nachbarn. Helmut Pastorek, vor fünfzig Jahren als Sudetendeutscher aus seiner Heimat vertrieben, setzt auf Versöhnung und auf ein friedliches Zusammenleben im Dorf.

(Februar 1996)

»Vor drei Jahren hatte ich drei Kinder ...« Ein verhextes Schlafzimmer

Vor drei Jahren hatte Frau Dr. Julia K., Ärztin in Böhmen, noch drei erwachsene Kinder und Freude am handgefertigten Schlafzimmer für 19000 Kronen, welches sie ihrem ältesten, Josef, der Architekt ist, zur Hochzeit schenkte. Zur Hochzeitsreise fuhr das jungvermählte Paar nach Jugoslawien, vier Wochen später meldete es sich telefonisch aus einem Flüchtlingslager in Österreich. Frau Dr. Julia K. wollte retten, was noch zu retten war, begab sich sofort in die Wohnung der frischen Emigranten, fand jedoch die Tür amtlich versiegelt. Die Gemeindeverwaltung des kleinen Städtchens in Ostböhmen teilte Frau Dr. Julia K. mit: Als Mutter des geflüchteten Architekten haben Sie ein Vorrecht, von morgen an können Sie das beschlagnahmte Eigentum der Verräter-Emigranten käuflich erwerben. Frau Dr. Julia K. kaufte also ihr Hochzeitsgeschenk für 15000 Kronen zurück.

Im April 1980 heiratete die Tochter Alena den begabten Gynäkologen Dr. Jan Kašpar. Als Hochzeitsgeschenk bekam das Ehepaar das schon zweimal bezahlte und einmal beschlagnahmte Schlafzimmer, obendrein einen Perser, ein Familienerbstück. Im Mai brachen die Kašpars zur Hochzeitsreise nach Italien auf; sie kamen jedoch nur bis nach München. Aus der bayerischen Landeshauptstadt riefen sie die Mutter an und teilten ihr mit, sie hätten im geschenkten Schlafzimmer von einer anderen Zukunft geträumt und wollten nun ihr Glück im Westen suchen. Frau Dr. Julia K. setzte sich sofort ins Auto und fuhr zur verlassenen Wohnung des emigrierten Ehepaares. Vor der Wohnungstür stand ein wachsamer Beamter der Staatssicherheit und sagte: »Sie dürfen die Wohnung nicht betreten, alles wird beschlagnahmt. Falls Sie Interesse haben, können Sie von morgen an einiges von der Einrichtung bei der Gemeindeverwaltung kaufen.«

Am folgenden Tag kaufte also Frau Dr. Julia K. zum drittenmal das zweimal geschenkte und zweimal beschlagnahmte Schlafzimmer für 14000 Kronen. Der wertvolle Perser, ein Prachtstück von der Großmutter, war aber nicht mehr zu haben, denn diesen Teppich bekam bereits der Genosse Parteivorsitzende für 50 Kronen als wertlose Fußmatte zugesprochen.

Im Juni 1981 heiratete der Jüngste. Rudolf, der Automechaniker und Alleskönner, nahm Božena zur Frau, ein nettes Mädchen, von Beruf Glasschleiferin, die mit ihren Kunststücken in sozialistischen Bruderstaaten hohe Anerkennung fand und im feindlichen kapitalistischen Ausland Höchstpreise erzielte. Vor der Hochzeit sagte Frau Dr. Julia K. zum Sohn: »Als Hochzeitsgeschenk bekommst du von mir das Schlafzimmer, welches Josef und Alena nicht voll genießen konnten. Paß auf, daß du im Bett nicht schlecht träumst! Wenn auch du abhaust, dann weiß ich nicht, ob ich das Schlafzimmer zum vierten Mal bezahlen kann. Es hat mich finanziell ruiniert. Und weil du mein letzter bist, schenke ich dir zur Hochzeit auch das herrliche Meißner Porzellan.«

Bis Sommer 1982 träumten Rudolf und Božena im geschenkten Schlafzimmer von der großen weiten Welt. Im Juli traten sie über Jugoslawien und Österreich ihren langen Marsch nach Australien an. In Bayern warten sie jetzt auf die Einreiseerlaubnis. Rudolf, der Automechaniker und Alleskönner, glaubte jedoch schlauer zu sein als sein Bruder Josef und seine Schwester Alena. Kurz bevor er zum Badeurlaub nach Jugoslawien fuhr, brachte er noch bei Nacht und Nebel das Schlafzimmer und das Meißner Porzellan seiner Mutter zurück. Anfang Oktober wurde Frau Dr. Julia K. verhaftet und zehn Tage lang von der Geheimpolizei wegen Beihilfe zur Flucht verhört. Als sie wieder nach Hause kam, stellte sie mit Entsetzen fest, daß bei der Hausdurchsuchung die Genossen das Schlafzimmer und auch das Meißner Porzellan hatten mitgehen lassen.

Eine Woche später verkaufte Frau Dr. Julia K. ihr Auto und kaufte vom Staat das dreimal bezahlte und zum drittenmal beschlagnahmte Schlafzimmer für 16000 Kronen zurück. Das Porzellan aus Meißen war aber nicht mehr zu haben, denn inzwischen hatte der Bezirkssekretär der Partei es als gewöhnliches Küchengeschirr für 150 Kronen erstanden.

Drei Tage nach dem letzten Rückkauf war von Frau Dr. Julia K. nichts zu sehen. Erst am Samstag, dem 16. Oktober 1982, beobachteten die Nachbarn, wie sie das Schlafzimmer in den Garten schleppte. Mit der Axt zerhackte sie die fest gezimmerten Betten, die herrlichen Schränke und die prächtige Kommode. Als ein Nachbar sie von ihrem zerstörerischen Werk abbringen wollte, ihr sogar 20 Tausender in bar für das Schlafzimmer über den Zaun anbot, schrie sie ihn an: »Lieber Nachbar, das kann ich Ihnen nicht antun, Sie haben doch auch einen Sohn, der demnächst heiraten soll! Ich sag's Ihnen, das Schlafzimmer ist verhext!«

»Aberglaube, nichts als Aberglaube, Frau Doktor«, sagte der Nachbar.

»Und meine Kinder, was haben die in diesen Betten für Alpträume gehabt. Zusammengerechnet habe ich für das Schlafzimmer 64000 Kronen dem Staat in den Rachen stecken müssen. Und da zähle ich nicht den alten Perser und das herrliche Porzellan. Vor drei Jahren hatte ich drei Kinder, jetzt habe ich sechs Emigranten! Sagen Sie, lieber Nachbar, ist die Welt gerecht?«

»Sie ist es nicht, sie ist verrückt«, sagte der Nachbar und zog sich in seinen Garten zurück.

Gegen zehn Uhr abends war das verhexte Schlafzimmer verbrannt. Bis Mitternacht saß Frau Dr. Julia K. beim Scheiterhaufen, aus dem ab und zu mit leisem Geknister winzige Funken stiegen. In der Glut verdunsteten ihre Tränen, der kalte Vollmond saß ihr im Nacken.

(Dezember 1982)

Josef Figaros Hochzeit – Eine Geschichte aus Prag

Die Schwierigkeiten, die sich Josef Figaro und seiner Liebe zu einer gewissen Maria Pinkasová in den Weg stellten, schienen in der Adventszeit des Jahres 1953 unüberwindlich. Wohlgemerkt: Diese wunderliche Liebe blühte in der schlimmsten und frostigsten Zeit, die Prag in der modernen Geschichte zu überstehen hatte. Der unbarmherzige Kampf gegen die Überbleibsel aus der glorreichen Vergangenheit, nämlich gegen die Religion und gegen den Glauben an Gott, hatte damals seinen ersten Erfolg verbuchen können: Die Menschen bekamen es mit der Angst zu tun.

Josef Figaro, dem angehenden Star der tschechischen Journalistik, sozusagen als Ideologe in der kommunistischen Zeitung »Junge Front« tätig, hätte, so meinte er damals, der Kampf gegen die reaktionären Gläubigen getrost gestohlen bleiben können. Er selbst kam aus einer alten Prager Patrizierfamilie, die sich zwar offiziell Figar nannte, jedoch nicht bereit war auf das »o« zu verzichten; in dieser Familie wimmelte es schon seit drei Jahrhunderten von Freidenkern. Josefs Großvater war Großmeister einer Freimaurerloge, Vater Anton übernahm den Posten und war mächtig stolz darauf, schon vor dem Ersten Weltkrieg einigen heimlichen Verschwörungen von Prager Anarchisten angehört zu haben. Als Wladimir Iljitsch Lenin 1912 nach Prag kam, um hier auf einer Konferenz der russischen Revolutionäre im Exil die bolschewistische Linie durchzusetzen, fand er in der Familie der Figaros nicht nur Unterkunft, sondern auch Geld.

Als im Februar 1948 die Kommunisten in Prag an die Macht kamen und der Bourgeoisie zuerst die Geldhähne und dann auch die Hälse abdrehten, war es für Papa Anton Figaro schon zu spät, seine Jugendsünden zu bejammern. Sein Sohn Josef konnte jedoch – auf sozusagen fortschrittliche Traditionen der Familie gestützt – seine Karriere aufbauen, wobei die Tatsache, daß er nicht getauft wurde (der Freidenker und Freimaurer Anton Figaro durfte seinen Erstgeborenen nicht, wie er zu sagen pflegte, der Kirche in den Rachen stecken), ihn bei den atheistischen Genossen vom Verdacht, er könnte ein verkappter Christ sein, ganz befreite.

Ein Tag mit Wundern

Bis zum ersten Adventssonntag des Jahres 1953 war Josef Figaros Umwelt zwar nicht ganz in Ordnung, jedoch den Zuständen entsprechend erträglich. Ins Wanken kam sie aber in dem Augenblick, als er oben am Wenzelsplatz einer jungen Dame begegnete, die – und das verschlug Josef den Atem – einen Hut mit Schleier trug! Ein Hut mit Schleier im proletarischen Prag, das galt damals als ein unverkennbares Zeichen einer bourgeoisen Herkunft, ja es war schon eine antisozialistische Demonstration, eine gezielte Provokation gegen die Werktätigen, also ein Wunder.

Das zweite Wunder, welches an diesem vernebelten Tag Josefs Welt umzukrempeln begann, war, daß er sich in die verschleierte Dame auf den ersten Blick verliebte. Somit geriet der bisher durchaus fortschrittlich gesinnte Josef Figaro in die Klauen der geschlagenen Klasse, fühlte sich jedoch in den Armen der Verschleierten so glücklich, daß ihm Maria

schon in der dritten Adventswoche des Jahres 1953 mit einem verklärten, nichtverschleierten Lächeln mitteilen konnte: »Liebster Josef, ich bin bestimmt schwanger!«
Ja, man lebte damals in der Epoche des Aufbruchs in die glückliche Zukunft zu schnell! Josef schnappte nach Luft, verhielt sich nach Marias Verkündung klassenbewußt, jedoch nicht in Marx' oder Lenins Sinn, sondern in der Tradition seiner Familie und sagte: »Ich liebe dich, Maria, und werde dich heiraten!«
Am nächsten Tag saß Josef Figaro im Paradezimmer vor Marias Mutter Agnes Pinkasová, der verwitweten Bankiersfrau, und hielt mit schuldbewußter Stimme um die Hand des gnädigen Fräuleins an.

Der Heilige blinzelt

»Oh, ich freue mich schon darauf, meine Tochter vor dem Altar unserer ehrwürdigen St. Jakobs-Kirche zu sehen«, sagte Frau Agnes Pinkasová und hatte Tränen in den Augen. Josef Figaro schnappte nach Luft, gab sich einen Ruck und erwiderte tapfer: »Gnädigste, ich kann Maria nicht in der Kirche heiraten, denn ich bin weder katholisch noch evangelisch, ich bin nämlich überhaupt nicht getauft!«
Damit war das Gespräch unterbrochen. Mutter Agnes starrte den mutmaßlichen Verlobten ihrer Tochter an, dann erhob sie sich und befahl: »Raus aus meiner Wohnung!«
Josef wollte sich auch erheben, konnte jedoch nicht, denn Maria legte beide Hände auf seine Schulter und drückte ihn mit aller Kraft zurück. »Die Taufe wird Josef nachholen«, hörte Josef Figaro über seinem Kopf Marias feste Stimme. »Wenn er mich liebt – und das hat er bereits mehrmals bewiesen –, dann tut er das! Und ich werde Josefs Taufpatin sein, denn doppelt hält alles besser!«

Mutter Pinkas setzte sich wieder hin und musterte Josef und auch Maria. Die alte Dame wurde ganz unsicher. So kippte sie schließlich einen süßen Likör hinunter und sagte: »Unberechenbar sind die Wege Gottes und des Heiligen Geistes! Wenn du, lieber Josef, durch die Liebe zu Maria deinen Zugang zu Gott und in seine Kirche finden solltest, dann ist alles in Ordnung. Es ist mir zwar unheimlich, aber offensichtlich verstehe ich diese Welt nicht mehr.«

Auf dem Weg nach Hause stellte sich Josef Figaro immer wieder nur eine Frage: Mit 23 Jahren sich taufen zu lassen, dazu noch in dieser gefährlichen Zeit des Aufbruchs in die gottlose Zukunft eines glücklichen Sozialismus, meine Karriere aufs Spiel zu setzen, und das alles für meine geliebte Maria, die ein Kind von mir erwartet – ist das nicht viel von mir verlangt?

Später erzählte Josef Figaro, er habe sich in dieser Nacht bis zu der Statue des Heiligen Thaddäus verirrt und dem frommen Mann, der seit Jahrhunderten den Pragern aus allen verzweifelten Situationen zu helfen versteht, seine Frage zugeflüstert. Der versteinerte Heilige, so erzählte Figaro weiter, hätte ihm mit dem linken Auge zugeblinzelt und mit leiser Stimme in die Einsamkeit der frostigen Nacht geflüstert: »Junge, wenn es um die Liebe zu einer schönen Frau geht, die ein Kind von dir erwartet, dann tu, was sie von dir verlangt. Unter uns gesagt, Josef, und mir kannst du glauben, die Taufe hat noch keinen kaputtgemacht, im Gegenteil, sie hat vielen Menschen den Weg zum ewigen Leben geöffnet.«

»Das ewige Leben würde mich schon reizen, aber zuerst geht es mir um das irdische«, soll Josef erwidert haben. »Was wäre es ohne eine Frau wert, die du tatsächlich liebst, Josef?« antwortete der Heilige mit einer Frage.

Gegen Mitternacht saß Josef vor seinem Vater und vor Mutter. Er kippte ein Bier hinunter und sagte mit einer wild ent-

schlossenen Stimme: »Ich liebe ein Mädchen, sie erwartet ein Kind von mir, und ich werde sie heiraten!«
»Eine andere Reihenfolge wäre mir lieber gewesen«, bemerkte Vater Anton trocken und fügte hinzu: »Habe schon öfter davon gehört, daß so etwas in den besten Familien ab und zu vorkommen soll.«
Josef trank noch einen Schluck Bier. »Maria kommt aus einer alten katholischen Familie, also muß ich mich, bevor ich sie heiraten darf, taufen lassen«, sagte er dann.
»Das wäre aber Verrat an unserer Familientradition und . . .«
»Jetzt habe ich aber genug!« unterbrach Mutter Figaro ihren Ehegatten. »Als ich dich vor 25 Jahren heiratete, habe ich aus Liebe zu dir, Anton, aus der Kirche austreten müssen. Die ganzen 25 Jahre habe ich die Mutter Gottes um Verzeihung gebeten, und jetzt scheint es, als hätte sie mich endlich erhört. Erkennst du denn nicht, Anton, wohin auch deine Familie dieses Land geführt hat? Großvater war, möge ihm der Allmächtige verzeihen, stolz darauf, diesem Lenin geholfen zu haben, bei uns gingen vor dem Krieg Revoluzzer ein und aus, du hast stets den Mund voll von Fortschritt gehabt, und jetzt haben wir die Bescherung. Wenn Josef das Mädchen tatsächlich liebt, dann soll er seinen Weg gehen, so wie ich meinen Weg gegangen bin.«
Das war die längste Rede, die Mutter Figarová je gehalten hatte. Vater Figaro trank sein Glas Bier leer, erhob sich und verschwand, ohne ein Wort zu sagen, in sein Zimmer.
In der letzten Adventswoche des Jahres 1953 war Josef Figaro mit zwei Angelegenheiten voll beschäftigt und ausgelastet: Erstens mußte er zu Stalins 74. Geburtstag am 21. Dezember 1953 einige Artikel schreiben. Aber diese Arbeit erledigte er mit der linken Hand, denn der heißgeliebte Stalin war tot und das Bedürfnis der Genossen, den verstorbenen genialen Führer des Weltproletariates zu bejubeln schon ein

wenig abgeflaut. Die zweite Sache, die Josef schnell hinter sich bringen mußte, war komplizierter. Jeden Abend schlich er mit Maria durch die Hintertür in die Pfarrei der St. Jakobs-Kirche, um dort das Wort Gottes zu hören.

»Keine Angst, mein Sohn«, tröstete der alte Pfarrer Josefs Ungeduld. »Mit der Taufe machen wir es ganz einfach. Nur du, deine künftige Frau und Mutter deines Kindes, ich und der liebe Herrgott werden dabei sein.«

Drei Kerzen brannten

Am 21. Dezember 1953 – Stalin hätte, wenn er noch am Leben gewesen wäre, seinen 74. Geburtstag gefeiert – wurde Josef Figaro um sechs Uhr morgens heimlich getauft und in die katholische Kirche aufgenommen. »Siehst du, es tat gar nicht weh«, flüsterte ihm seine Taufpatin ins Ohr. Zwei Tage später schaffte es Josef, sich in der Mittagspause im Standesamt Prag I amtlich unter Marx', Engels', Stalins und Gottwalds Bild, vom Staat und von der Partei gesegnet, mit Maria Pinkasová zu vermählen. Maria hatte wieder ihren Hut mit Schleier aufgesetzt, was den Genossen Standesbeamten ein wenig verwirrte.

Die wahre Hochzeit vor dem Antlitz Gottes wurde auf den 25. Dezember 1953, um sechs Uhr morgens in der St. Jakobs-Kirche festgelegt.

In der Heiligen Nacht fiel Schnee. Die Prager Glocken blieben auch diesmal stumm, in keiner Kirche durfte um Mitternacht die Geburt des Erlösers gefeiert werden. Gegen zehn Uhr fiel der Strom wieder einmal aus. Die letzten Straßenbahnen blieben auf der Strecke stecken, die Fahrer verließen sie und wateten durch den frischgefallenen tiefen Schnee nach Hause. Windböen trieben die hartgefrorenen Schneekristalle gegen die Fensterscheiben. Drei Kerzen brannten in

Figaros Salon. Es war ganz still im Haus. Nur ab und zu hörte man im Treppenhaus schwere Schritte. Der Blockwart, Genosse Václav Novotný, machte seinen Rundgang, um an jeder Haustür zu horchen, ob man nicht dahinter fromme Weihnachtslieder singt oder betet.
»Maria hat nicht einmal ein weißes Kleid«, sagte Mutter Pinkasová leise. »Und ich habe mir so gewünscht, daß meine Tochter . . .«
»Es gibt, genädige Frau, zwei Gründe dafür, weshalb unsere liebe Maria kein weißes Kleid tragen kann«, sagte Vater Figaro und erlaubte sich zum ersten Mal in seinem Leben, eine Dame zu unterbrechen. »Der erste Grund ist so überzeugend, daß ich ihn sogar akzeptieren muß. Es gibt nämlich in der ganzen Stadt keinen anständigen weißen Stoff zu kaufen. Der zweite Grund ist für mich zwar nicht mehr so überzeugend, aber . . .«

Wie die ersten Christen

»Sei lieber still, Anton«, sagte Mutter Figarová und legte ihre gepflegte Hand auf den Oberarm ihres Mannes. Offensichtlich waren alle entschlossen, sich in dieser stillen und heiligen Nacht zu unterbrechen. »Wir haben nämlich andere Sorgen. Wie schaffen wir es, uns vor sechs Uhr heimlich aus dem Haus zu schleichen, feierlich gekleidet, die Maria mit einem Blumenstrauß? Der Genosse Blockwart könnte Verdacht schöpfen und . . .«
»Er wird Mitternacht abwarten, um zu hören, ob nicht jemand im Haus die Geburt des Christkindes zu laut begrüßt, und dann kriecht er in die Federn. Denn auch seine Wachsamkeit . . .«
»Wir verlassen das Haus einzeln«, sagte Maria, die Braut. »Nur ich und Josef gehen gemeinsam . . .«

»Es schneit noch immer«, sagte Josef und ließ die Vorhänge fallen. »Meiner Ansicht nach wäre es besser ...«

»Erinnerst du dich, Josef, an das schöne Gedicht: Wir werden Hand in Hand über den weißen Schnee schweben, das Dröhnen aller Glocken im Herzen, denn so lange wir leben ...«

Jetzt war wieder Vater Figaro an der Reihe, Maria zu unterbrechen: »Schade, es wird nie wieder Glockengeläute geben in diesem Land«, sagte er traurig.

Sie saßen schweigend bis halb sechs und brachen dann einzeln in die Kirche auf. Der Blockwart, Genosse Václav Novotný, schlief.

Der Gottesdienst wurde im Flüsterton abgehalten. Der bestellte Orgelspieler kam nicht. Er hatte es mit der Angst zu tun bekommen. Diese heimliche Hochzeit war für ihn ein zu gefährliches Unternehmen. Vater Figaro war blaß im Gesicht und stand vor dem Altar aufrecht.

»Nicht einmal ein weißes Kleid hat sie an«, heulte Mutter Pinkasová öfter laut. Sie störte damit den alten Priester, der sich gezwungen sah, sich vom Altar umzudrehen und die Andacht mit einer fast drohenden Stimme zu unterbrechen: »Durch die Liebe zu dieser Frau konnten wir in diesen schlimmen Zeiten ein verloren geglaubtes Schäflein in die Herde Gottes zurückführen. Wenn Sie schon, gnädige Frau, heulen müssen, dann bitte aus Freude!«

»Oh«, stöhnte Marias Mutter, »wir sind wie die ersten Christen, tatsächlich, wie die ersten Christen!«

Vater Anton Figaro streichelte sanft ihre Hand, seine starre Haltung hat er allerdings nicht aufgegeben oder nicht aufgeben können, und flüsterte mit einer für ihn ungewöhnlich sanften Stimme Frau Pinkasová ins Ohr: »Sie irren, liebe Agnes, ihr seid nicht wie die ersten Christen, ihr seid die letzten Christen in dieser Stadt.«

Um sieben Uhr verließen die jetzt schon richtig vor dem Antlitz Gottes Vermählten Josef und Maria die Kirche. Es schneite noch immer, es war finster, die Morgendämmerungen der Weihnachtszeit 1953 konnten erst mit großer Verspätung in die Straßen von Prag durchdringen.

Es bleibt noch übrig, die weiteren Schicksale der Menschen, deren Geschichte in der Adventszeit des Jahres 1953 in Prag ihren Anfang nahm, zu erwähnen: Der alte Pfarrer von St. Jakob wurde am 26. Dezember 1953 als Agent im Dienste des Vatikans verhaftet und am Feiertag der Drei Könige 1954 im Gefängnis zu Tode geprügelt. Vater Anton Figaro kam Mitte Januar 1954 unter die Räder des Klassenkampfes: Als Volksfeind, Schädling und als ein bourgeoises Element bekam er 25 Jahre Strafarbeit in den Uranbergwerken von Joachimsthal. Nach acht Jahren vorzeitig entlassen, starb er nach sieben Tagen in der Freiheit an einer unheimlichen Krankheit. Josef Figaro konnte bis zur Geburt seines Sohnes immer noch Artikel über die strahlenden Perspektiven eines Lebens im Sozialismus schreiben, dann aber wurde er aus der Zeitung gefeuert und als ein reaktionär-klerikales Element verurteilt und ebenso wie sein Vater nach Joachimsthal geschickt.

Die Ursache für Josef Figaros Unglück war nicht schwer zu erfahren: Als Josefs und Marias Erstgeborener auf die Welt kam, schlichen die beiden Großmütter Pinkasová und Figarová in die Pfarrei der St. Jakobs-Kirche, um dort mit dem neuen Pfarrer die heimliche Taufe des Kindes abzusprechen. Leider stießen die Frauen auf einen regimetreuen Geistlichen, der die üble Sache mit der geplanten heimlichen Taufe unverzüglich der zuständigen Stelle für den Kampf gegen die Kirche meldete.

Gestorben und verschollen

Seit jenem Tag galt Josef Figaro nicht mehr als ein zwar bourgeoiser, sonst aber fortschrittlicher Sprößling einer Freidenkerfamilie, bei der 1912 Lenin Unterschlupf und Geld gefunden hatte, sondern als ein ganz übles reaktionäres Element. Im Jahr 1968 kam Josef Figaro aus dem Gefängnis zurück nach Hause, fand jedoch kein Zuhause mehr. Amtlich wurde ihm mitgeteilt, daß seine Frau, Mutter und Schwiegermutter gestorben seien und daß sein Sohn, im Jahr 1964 ins feindliche Ausland geflohen, seit 1967 in Australien als verschollen gelte.

Josef Figaros Schicksal ist heute unbekannt. Manche wollen ihn jeden Abend in der St. Jakobs-Kirche gesehen haben, andere behaupten, daß der Blumenstrauß, der jeden 25. Dezember vor dem Altar der ehrwürdigen Kirche liegt, von Josef Figaro heimlich hingelegt werde.

Diese durchaus sentimentale Geschichte hat einen – dessen bin ich mir bewußt – groben dramaturgischen Fehler: Sie ist leider wahr.

(Dezember 1983)

»Duftig und leicht wie eine Sommerwolke« – Weihnachtsknödel böhmisch

Das ganze Jahr hindurch war mein Vater so von seinen Geschäften beansprucht, daß er selbst am Heiligen Abend regelmäßig zu spät nach Hause kam. Da er aber ein gutmütiger, hilfsbereiter Mensch und liebevoller Familienvater war, versuchte er am Heiligen Abend all das nachzuholen, was er seiner Familie, wie er es ausdrückte, also mir und meiner Mutter, schuldete. Und das übertrieb er dann immer ein bißchen.

Zu Weihnachten kauften wir stets lebende Karpfen, die bis zu Vaters Ankunft in der Badewanne schwimmen durften. Mutter hätte die Fische schon tagsüber schlachten können, aber damit hätte sie Vater die Freude verdorben: Für ihn war diese Arbeit der großartige Auftakt zum Fest. Außerdem bestand ich – schwieriges Kind, das ich war – auf meinem Recht, am Morgen des 24. in die Wanne zu steigen und mit den Fischen zu spielen, bis Vater heimkam.

Wenn er da war, kletterte ich aus der Wanne, zog mich an und wurde ans Telefon gesetzt.

Mit dem Hammer und einem scharfen Messer ging Vater ins Badezimmer.

»Ota, ruf den Arzt an, er soll sich bereit halten«, sagte meine Mutter.

Ich kann mich nur an zwei Jahre erinnern, in denen mein Vater das Schlachten der Karpfen ohne wesentliche Verletzungen überstand. Zum Glück kam er auch diesmal nur mit

Karpfenblut beschmiert aus dem Badezimmer und rief unserem Dienstmädchen zu: »Olga, hol den Christbaum!«
»Jetzt ruf Herrn Flanderka an und sag ihm Bescheid«, flüsterte meine Mutter mir ins Ohr.
Herr Flanderka war der Elektriker.
So wie beim Schlachten der Karpfen wollte Vater auch beim Aufstellen und Schmücken des Christbaums völlig ungestört sein. Mutter hatte vorsorglich die Bilder im Wohnzimmer abgehängt und sie zusammen mit den Vasen in der Kammer verstaut. Der schöne Teppich war zusammengerollt, die Möbel in dicke Decken gewickelt. Was Vater mit dem Baum anstellte, ist bis heute Geheimnis geblieben. Ich weiß nur noch, daß aus dem Wohnzimmer Krachen und Sägen, Stöhnen und dumpfe Aufschläge zu hören waren.
Mutter entließ Olga aus der Küche und postierte sie mit dem Verbandkasten vor dem Wohnzimmer. Von Zeit zu Zeit ging die Tür des Zimmers auf, und Vater verlangte: »Ein Pflaster – Jod – rasch – Verband!« Alles mußte ihm schnell gereicht werden. Dann kam der Augenblick, wo Vater die Tür öffnete und sagte: »Die elektrischen Kerzen!« Die Schachtel stand schon bereit und wurde ihm unverzüglich gegeben.
Mutter kam aus der Küche und übernahm jetzt den Dienst am Telefon selbst. Sie wählte die Nummer des Hausarztes und fragte: »Sind Sie bereit, Herr Vomaĉka?« Dann wählte sie die Nummer des Elektrikers: »Herr Flanderka, mein Mann beginnt die elektrischen Kerzen aufzuhängen ...«
Aus dem Wohnzimmer hörten wir nichts oder höchstens ein leichtes Klirren. Dann erst, nach zehn oder zwanzig Minuten Vaters freudigen Aufschrei: »Kinder, es ist soweit!« Das war für uns das Stichwort die bereitstehenden Wachskerzen anzuzünden. Dann kam, was immer kam: Aus dem Wohnzimmer hörten wir einen Knall, Vaters Aufschrei, das Licht ging aus.

Wir stürmten mit den Kerzen in das Zimmer und sahen das gleiche Bild wie fast jedes Jahr: Das Anschlußkabel der Kerzen war verschmort, und Vater versuchte, sich von dem elektrischen Schlag zu erholen.
Doch da schellte es auch schon an der Wohnungstür: Herr Vomaĉka und Herr Flanderka waren zur Stelle.
Kaum eine halbe Stunde später war Vater wieder auf den Beinen, und die Kerzen auf dem Weihnachtsbaum strahlten hell.
Als nächstes ging Vater in die Küche.
Er widmete sich zuerst der »schwarzen Soße«, in der in Böhmen die Karpfen zuletzt zu schwimmen haben.
»Die schwarze Soße ist eine Kunst für sich. Wer die richtig abstimmt, würde einen Nobelpreis fürs Kochen verdienen, wenn es so was gäbe. Das schwierige an der Soße ist, daß es kein Rezept für sie gibt. Das heißt, es gibt wohl Rezepte, aber wer sich nach ihnen richtet, ist schlecht beraten. Es kommt nämlich weniger auf die Menge der Zutaten als auf die feinen Geschmacksnuancen an, die, wie wir wissen, erst die vollkommene Harmonie ergeben.«
»Nicht jede getrocknete Pflaume, nicht jede Mandel oder Rosine hat den gleichen Geschmack. Vom Aroma der exotischen Gewürze ganz zu schweigen.«
Während dieses Vortrags band Vater sich die Schürze um und trat an den Herd.
»In der kritischen Prüfung der Details liegt der wahre Grund für den Erfolg. Alle Bereiche des Lebens sind bereits wissenschaftlich bearbeitet worden, und« – er hob die Stimme – »es ist eine Schande, daß ausgerechnet die Zubereitung der schwarzen Soße noch immer dem Zufall überlassen wird.«
Wenn die Soße fertig war, kamen die Knödel an die Reihe.
»Verglichen mit echten böhmischen Knödeln«, sagte er, »sind die in Bayern und Österreich produzierten Lebens-

mittel gleichen Namens nichts als matschige Kanonenkugeln.«
»Ein Knödel muß duftig und leicht wie eine Sommerwolke sein, er muß in der Soße zusammenhalten und darf nicht zu Brei zerfließen. Die Hauptsache dabei ist das Mehl! Das Geheimnis des Knödels«, hier wandte sich Vater mit vorwurfsvollem Blick an Olga, die Dienstmädchen und Köchin zugleich war, »liegt darin, daß man angewärmtes Mehl verwendet.«
Schließlich begannen wir zu essen. Es war grausam.
Die schwarze Soße war entweder Pflaumenbrei oder Rosinengrütze und manchmal schmeckte sie schrecklich nach bitteren Mandeln. Die Knödel waren meist zu elastisch. Einmal, als ich sieben Jahre alt war, sprang mir ein Knödel beim Zerschneiden vom Teller. Ich wollte ihn mit dem Fuß festhalten, aber er glitt unter der Sohle weg. Am nächsten Tag

Prager Dächer im Winter.

gab ich den Knödel dem Hund unseres Hausmeisters, doch der verschmähte ihn.

So quälten wir uns, wie an jedem Heiligen Abend, mit dem Essen ab. Meiner Mutter standen Tränen in den Augen, Olga, die immer mit uns aß, schluchzte leise vor sich hin. »Ja, Kinder«, sagte mein Vater, »es ist ein rührender Abend, das geht einem eben ans Herz. Und du Olga, heule nicht! Ich habe deiner verstorbenen Mutter und deinem verunglückten Vater versprochen, mich um dich zu kümmern. Bist bei uns so gut aufgehoben, wie in deiner eigenen Familie.« – »Allerdings«, heulte Olga laut auf, »aber ich kündige! Ich kann das nicht mehr ertragen! Das ganze Jahr lassen Sie die gnädige Frau und mich in der Küche und der Wohnung allein wirtschaften, und zu Weihnachten machen Sie alles kaputt, verderben die schwarze Soße, die Knödel ...«

Meine Mutter stand ohne ein Wort zu sagen auf und brachte aus der Küche ihren herrlichen Kartoffelsalat, zarte Schnitzel, Olgas köstlichen Apfelkuchen und Cremeschnitten.

Beim Anblick dieses Festmahls standen nun meinem Vater die Tränen in den Augen, und er flüsterte: »Kinder, ich hab's ja nur gut gemeint ...«

Zwei Tage vor Weihnachten 1951 sah ich meinen Vater zum letztenmal. Er saß als »Staatsfeind« in Pilsen-Bory im Gefängnis, und man erlaubte ihm, mich für zwanzig Minuten zu sehen.

»Habt ihr schon Karpfen gekauft?« fragte er mich.

»Ja«, log ich tapfer, denn wir hatten damals nicht das Geld, um Karpfen zu kaufen.

»Naja«, lächelte Vater, »mußt jetzt die Fische selbst schlachten. Sei nur vorsichtig!«

»Ich werde schon aufpassen.«

»Und den Weihnachtsbaum wirst du auch selbst aufstellen

müssen«, lächelte er wehmütig, »paß mit den elektrischen Kerzen auf. Du weißt ja, ich hatte immer Probleme damit.«
»Es wird schon klappen«, sagte ich, dabei wußte ich nur zu gut, daß es in diesem Jahr keinen Weihnachtsbaum geben würde.
»Du solltest Mutter bei der schwarzen Soße und den Knödeln helfen. Sie ist so hilflos.« Knödel würde es wohl geben, aber keine schwarze Soße. Wo sollten wir damals Mandeln und Rosinen oder gar exotische Gewürze hernehmen?
»Weißt du Ota«, lächelte mein Vater noch immer, »das Geheimnis der schwarzen Soße sind die Rosinen. Man muß sie in Essigwasser weich werden lassen. Und paß auf, was die Knödel betrifft: Das Mehl muß warm sein und die Milch mager. Und dann nimm drei Eier, aber mach die Knödel nur mit einem Eiweiß und den drei Dottern.«
»Sie dürfen nur über Familienangelegenheiten sprechen!« sagte der Gefängniswärter, der uns nicht aus den Augen ließ, obwohl wir durch ein enges Gitter getrennt waren.
»Wir reden ja nur über Familienangelegenheiten«, sagte mein Vater. Es waren die letzten Worte, die ich von ihm hörte.
Die Knödel waren in diesem Jahr »duftig und leicht wie eine Sommerwolke«, aber wir vermochten sie nicht zu essen.

(Weihnachten 1979)

»Nieder mit Friedrich Barbarossa, diesem Nazi!« Keine Rückkehr der Sudetendeutschen

Die Demokratie und die Souveränität der Tschechischen Republik sind in der ehemals königlich-böhmischen Stadt Cheb in Gefahr. Die Teutonen aus Bayern und aus Sachsen schicken sich wieder an, die Stadt zu überrennen. Vor allem freitags wird es in Cheb schlimm: Germanen aus West und Ost strömen in die Stadt und kaufen billiges Fleisch, Butter und echt deutsche Gartenzwerge made in Poland ein. Aber die Retter stehen bereit. Der »Klub des böhmisch-mährischen Grenzlandes«, eine Dachorganisation für linksextreme Rentner, ehemalige Funktionäre der kommunistischen Partei, Offiziere der Staatssicherheit und Politoffiziere der Grenztruppen, hat sich gemeinsam mit Mitgliedern der rechtsextremen tschechischen Republikaner – Schönhubers bundesdeutsche Republikaner wirken neben ihren tschechischen Kollegen wie ein harmloser Kindergarten – entschlossen, gegen die erneute Germanisierung am 24. September in Cheb zu demonstrieren.
Der Bürgermeister von Cheb, František Linda, hatte die Demonstration drei Wochen zuvor verboten; seitdem wurde er von der in Europa einzigartigen, aus Links- und Rechtsextremisten bestehenden »Volksfront« als Verräter, Kollaborateur und deutschhöriger Speichellecker beschimpft. In mehr als hundert Drohbriefen wird dem Ingenieur Linda eine böse Zukunft prophezeit. Vlastimil Procházka schreibt: »Sie laufen Gefahr, daß die Deutschen, denen Sie so ergeben dienen,

Sie jetzt liquidieren werden, um dann diesen Mord einem sogenannten fanatischen Tschechen in die Schuhe schieben zu können. Die Deutschen haben sich nicht geändert, sie alle waren und bleiben Nazis.« Eine Gruppe von demokratisch gesinnten Patrioten aus Prachatice schickte Linda eine Zeichnung mit Hakenkreuzen über einem Grabstein, auf dem steht: »Hier verwest der Kadaver des Bürgermeisters Linda. Sieg heil!«

»Cheb, zu deutsch Eger, die einst deutschsprachige Stadt, war fast tausend Jahre vor 1938 Böhmens Tor in den Westen. Ich will an Chebs Geschichte vor Hitler und vor dem totalitären Kommunismus anknüpfen und Chebs Tore im Osten wie im Westen für alle Europäer offenhalten.« Dieser Satz, mit dem Bürgermeister Linda öffentlich sein politisches Programm

Tschechische Kommunistinnen protestieren in Cheb-Eger gegen Sudetendeutsche.

umreißt, bewerten ideologisch verwaiste Marxisten-Leninisten und die zu allem entschlossenen Jungs aus dem rechtsextremistischen Lager als einen Beweis für eine Linie der »harten Germanisierung«.

Drei eingeschüchterte tschechische Gerichte schoben die Klage des Klubs des böhmisch-mährischen Grenzlandes gegen das Demonstrationsverbot fast vierzehn Tage zwischen Pilsen, Ústí nad Labem (Aussig) und dem Obersten Gericht in Prag hin und her. Erst drei Tage vor dem geplanten Auftritt entschied schließlich das Gericht von Ústí nad Labem zugunsten der Kläger.

Die Lernstunde in Sachen tschechische Demokratie begann am 24. September auf dem Marktplatz in Cheb mit dem Aufmarsch von mehr als 400 Polizisten: Jeder Demonstrant hatte einen uniformierten Beschützer. Der Polizeipräsident von Cheb, Major Oldřich Tomášek, hatte es mit der Sicherheit ein wenig übertrieben. Daran war aber die Volksfront schuld, die großmäulig von 5000 bis 10000 Demonstranten geprahlt hatte, die nach Cheb kommen würden, um die Stadt vor den Germanen zu retten. Tatsächlich aber gelang es den Rettern der tschechischen Demokratie nicht einmal, 500 Kämpfer aus der ganzen Republik in Cheb zusammenzutrommeln. Unter ideologischen Gesichtspunkten war die Lage auf dem Marktplatz verwirrend und zugleich rührend: Im Klassenkampf ergraute Parteikader, die im Jahr 1948 die tschechische Demokratie unter dem Präsidenten Eduard Beneš vernichteten, machten aus diesem (wie sie ihn nach 1948 in ihrem Jargon nannten) »Helfershelfer der Bourgeoisie« plötzlich einen Helden im Kampf gegen alle Deutschen und gegen alles Deutsche.

Und das gab es in Böhmen auch noch nicht: Altmarxisten, Stalinisten und Internationalisten übten sich in Cheb mit rechtsextremen tschechischen Republikanern einträchtig in

Chauvinismus. Die Prager Skinheads, die versprochen hatten, in Cheb »ein wenig mitzumischen«, blieben jedoch zu Hause. »Wenn wir ausrücken, um etwas oder jemanden kleinzuschlagen, dann tun wir es. Aber nicht unter der Regie von Altkommunisten oder Jungfaschisten«, sagte am Telephon Jenda M., ein Prager Skinhead. Auch aus Bayern waren ideologische Entwicklungshelfer angereist: Eine gewisse Christa Stockinger aus München überbrachte Grüße von einer nicht näher genannten »fortschrittlichen Gruppierung«; ihre Verwirrung steigerte sich in dem Maße, wie ihr die ideologische Zusammensetzung der Gesellschaft auf dem Marktplatz von Cheb bewußt wurde. Gespenstisch wurde es, als Wolfgang Berndt, Sprecher der nordbayerischen DKP, mit gehobener Faust die Kampfgrüße der deutschen Kommunisten entbot.

Für Anarchisten bei der Demo in Cheb war der Klub des böhmisch-mährischen Grenzlandes die tschechische Abart von Sudetendeutscher Landsmannschaft.

Stimmung kam auf, als der Vorsitzende der Republikaner in Cheb, Josef Blaško, nebenberuflich als Waffenhändler tätig, das Wort ergriff und mit einigen deftigen Sätzen Václav Havel als Verräter und die tschechische Regierung als Bonns bezahlte Kollaborateure denunzierte. Nach Blaškos Rede versuchten ein paar alte Genossinnen und Genossen, für die anwesenden Fernsehteams einige antideutsche Haßausbrüche und tschechisch-patriotische Wallungen zu provozieren.
Es war die Volksfront-Sektion aus Most (Brüx), die dem patriotischen Aufmarsch gegen die Germanisierung von Böhmen und Mähren die Krone aufsetzte. Als ein Historiker über die Geschichte von Cheb und über Friedrich Barbarossas Aufenthalt in der Stadt sprach, kamen einige altgediente Genossen und Genossinnen, von glatzköpfigen Jungrepublikanern angefeuert, richtig in Rage und schrien: »Nieder mit Friedrich Barbarossa, mit diesem Nazi!«

(September 1994)

»... DOCH DIE MÄRCHEN SPRECHEN DEUTSCH« – AUF DEN SPUREN EINER VERSCHWUNDENEN KULTUR

Das Zisterzienserkloster im nordböhmischen Osek ist voll von Engeln. »Sie sind überall«, behauptet der Abt und zugleich auch der einzige Zisterzienser im Kloster, Bernhard Thebes. Die himmlischen Geschöpfe mußten allerdings tschechisch lernen, denn das Kloster, »halb so groß wie der Vatikan«, bemerkt der Abt stolz, wurde nach der Vertreibung der deutschen Zisterzienser und der Deutschen zuerst zu einem Heim für behinderte Kinder umfunktioniert, später dann in ein Internierungslager für Nonnen aus den aufgelösten Klöstern in der Tschechoslowakei umgewandelt. Über 230 Nonnen starben von 1960 bis 1989 im – so der offizielle Name in der Zeit des kommunistischen Regimes – »Internierungslager Kloster Osek«.

Ein alter Herr aus Osek, der auf den Bus nach Teplice, einst Teplitz-Schönau, wartet, erzählt: »Immer, wenn hinter den hohen Mauern des Klosters eine Nonne starb, haben wir, egal ob bei Tag oder in der Nacht, über den Türmen der Klosterkirche Engel gesehen, wie sie einen in weiße Seide eingewickelten Leichnam in den Himmel trugen. Natürlich«, fährt der alte Herr ein wenig verlegen fort, »nicht alle haben die Engel gesehen, nur gläubige Menschen durften das Wunder erleben.«

»Und wie oft haben Sie das Wunder erlebt?«

Der Herr wischt sich Schweiß von der Stirn und lächelt:

»Nicht zu oft, ich glaube drei- oder viermal. Aber es waren auch andere Zeiten. Die Katholiken in Osek konnte man bis 1989 an den Fingern einer Hand abzählen. Jetzt geht es mit der Kirche im Dorf wieder aufwärts. Heute«, lacht der alte Mann, »brauchen Sie schon alle Finger an beiden Händen, um alle katholischen Christen in Osek zusammenzuzählen.«

Bernhard Thebes, seit drei Jahren Abt und der einzige Zisterzienser in Osek, ist ein Deutscher aus dem Rheinland. Mit seinen ungläubigen Schäfchen oder mit seinen, wie er sagt, »lahmen katholischen Christen«, spricht er mit Hilfe von Dolmetschern. Und Bernhard Thebes hat schon ein erstes Wunder erlebt: Anfang Juli 1994 taufte er, ein deutscher Zisterzienser, nach langen Jahren in Osek wieder ein tschechisches Kind. Das Mädchen bekam nach Johannes dem Täufer den Namen Johanna, tschechisch Jana.

»Ich vertraue auf die Gnade Gottes«, sagt der Abt. Es gab in den vergangenen drei Jahren jedoch Fälle, in denen Bernhard Thebes auch Beistand und Schutz der Polizei nötig hatte: Zweimal wurde der deutsche Abt im Kloster Osek überfallen. »Naja, wissen Sie«, sagt der alte Mann, der in Osek auf den Bus wartet, »ein deutscher Mönch im Kloster regt eben die Gemüter von tschechischen Patrioten auf. Und auch in Osek haben wir es mit dem Klub der böhmisch-mährischen Grenzländer, mit diesen geistig zurückgebliebenen Herrn zu tun, die uns wieder Angst vor den Deutschen und vor der Germanisierung des Grenzlandes einjagen wollen. Diese ewig Gestrigen zählen heute schon an die 10000 Mitglieder, sie sind in der Tschechischen Republik die drittgrößte Organisation.«

Im Kloster begegnet man nicht nur Engeln: Eine Gruppe von jungen Belgiern, Holländern und Deutschen repariert unter der Leitung von Helmuth Marke aus Neuß Türen und Fenster. Frau Frantiska Jarolímová, eine Krankenschwester aus Osek, richtet im Kloster ein Gesundheitszentrum ein. Der Abt Bernhard Thebes hat im Kloster ein Heim für arme und einsame alte Leute eröffnet. Für den Abt ist sein Heim »eine Herberge auf dem Weg in die ewige Heimat«. Und wann sind in Osek weitere Zisterzienser zu erwarten?

»Wir haben einen Kandidaten aus Dänemark«, antwortet der Abt. »Ich habe ihn beauftragt, weitere Dänen, Norweger, Holländer, Belgier, Deutsche oder Franzosen mitzubringen. Wer, egal welcher Nationalität oder Hautfarbe, den Weg zu Gott sucht, für den steht das Tor des Klosters in Osek offen.«

Die Versöhnung zwischen den Deutschen und den Tschechen fängt für den Abt und Zisterzienser aus dem Rheinland mit

Bernhard Thebes, der deutsche Abt von Osek.

der Erneuerung des Glaubens an Gott, mit dem Gebet und mit dem Ausbau des Klosters an.
»Aber das alles kostet Geld, woher soll es kommen?« frage ich, denn mein Glaube an Gott ist nicht so fest wie der des Abtes.
Der deutsche Zisterzienser mustert mich streng: »Vor 800 Jahren hat uns Gott nach Osek geschickt. Jetzt sind wir wieder da. Und wenn Gott will, daß wir hier bleiben, dann werden wir hier bleiben.«

David Fiala, der Holzschnitzer in Nové Hutě, einem Dorf in der Tschechischen Sumava, deutsch Böhmerwald, sammelt in den grün überwucherten Ruinen von einstigen deutschen Dörfern Glasklumpen mit eingeschmolzenen Steinen und Erde, für den Holzschnitzer Zeugen einer Vergangenheit, die er nicht kennt. Der Holzschnitzer ist erst vor einem Jahr aus Prag nach Nové Hutě, deutsch Kaltenbach, umgezogen; er hat sich eine nach der sanften tschechischen Wende im Herbst 1989 herausgegebene Wanderkarte seiner neuen Heimat, des Gebirgszuges von Hl. Katherina bis zu Adalbert Stifters Geburtshaus in Oberplan, gekauft. Die Wanderkarte lügt heute nicht, sie sagt nur die grausame Wahrheit über eine Landschaft, die es nicht mehr gibt, sie ist also ungenau. Nach der Vertreibung der Deutschen aus dem Böhmerwald im Jahr 1945 wurden zwischen dem Dorf Hl. Katherina und Oberplan bis 1989 mehr als 60 vor dem Zweiten Weltkrieg blühende deutsche Dörfer und Ortschaften – alle sind in der neuen Wanderkarte eingezeichnet – von Panzerkanonen, von Granaten zerstört, mit Napalm verbrannt, von Kampffliegern zerbombt und dann mit Bulldozern dem Erdboden gleichgemacht. Über 230 Kirchen, Kapellen, Friedhöfe, Kreuze und Marterln sind heute nur auf der Wanderkarte zu finden; der Wanderer findet nur ihre Ruinen und Grundsteine, verwüstete Friedhöfe, Kreuze und Marterln mit abgeschlagenen Kruzifixen.

In Kaltenbach steht seit zwei Jahren wieder ein Kriegerdenkmal: Im Ersten Weltkrieg fielen 66 Kaltenbacher für Kaiser und Vaterland. Doppelt so viele Kaltenbacher haben nach 1939 für das tausendjährige Reich ihr Leben geopfert, oder sie sind bei der Vertreibung ums Leben gekommen. An sie erinnert ein in schwarzen Marmor mit goldener Schrift deutsch gemeißelter Satz: Den Opfern des II. Weltkrieges. Die Kaltenbacher.
Und wie ist das Verhältnis der tschechischen Kaltenbacher zu den deutschen Kaltenbachern, die jetzt immer wieder zu Besuch kommen, ja sogar Geld für die Renovierung der Kirche gesammelt haben? »Kompliziert«, erwidert der Busfahrer, der vor der Kirche auf Schichtwechsel wartet. »Mein Vater war dreizehn, als er 1947 mit seinen Eltern aus Pilsen nach Kaltenbach kam, und da war schon kein einziger Deutscher im Dorf, die Häuser standen ausgeraubt und leer. Ich sage es Ihnen offen: Ich bin hier zwar geboren, aber mein Zuhause ist Nové Hutě nicht. Wenn die deutschen Kaltenbacher zurückkommen sollten, wäre das für mich ein Grund, aus Nové Hutě zu verschwinden.«

Die 800jährige deutsche Geschichte des Böhmerwaldes ist mit Gestrüpp, mit Brennesseln, mit Vergessen oder Nichtwissen überwuchert, durch Panzerkanonen zerstört oder mit Napalm verbrannt. Was alles hat die gebirgige Landschaft verloren, was alles mußte hier vergessen werden! Es durfte keine Passionsspiele in Höritz, heute Hořice, geben, die noch älter, traditionsreicher und vor dem Zweiten Weltkrieg noch berühmter waren, als die Passionsspiele im bayerischen Oberammergau. In Kvilda (Außengefild) und in Modrava

(Mader) gibt es keine Holzfäller mehr, eher aber Künstler oder Zauberer, die durch Beklopfen der Fichtenstämme feststellten, ob das Holz richtig resoniert und ob es sich für den Bau von Geigen und Klavierplatten eignet. Es gibt im Böhmerwald keine Glashütten mehr, keine Holzschnitzer, David Fiala in Kaltenbach und Karel Tittl in Horská Kvilda (Innergefild) sind nach 1945 die ersten und immer noch die einzigen. Im Böhmerwald gibt es keine Wurzelfrauen mehr, die viel von der Zauberei, von Kräutern und von Menschen verstanden. Im Dreiseefilz gibt es auch in den warmen Sommernächten keine Feereigen, keine guten oder bösen Hexen mehr, denn die Böhmerwälder Märchengestalten sprachen deutsch und wurden 1945 vertrieben. Der tschechische Böhmerwald an der Grenze ist heute ein Land ohne Märchen, denn die hiesigen Märchen wurden acht Jahrhunderte deutsch erzählt.

Heute werden im Böhmerwald wahre Horrorgeschichten über die finsteren und tiefen Moor- oder – wie man im Böhmerwald sagt – Filzböden hoch in den Gebirgstälern erzählt: Vor sechs Jahren gelang es im Spätherbst drei jungen DDR-Bürgern bei Mader, die zwei Stacheldrahtzäune und das letzte Minenfeld vor den bayerischen Grenzpflöcken zu überwinden. Über 300 Grenzsoldaten jagten die Flüchtlinge. Als die Flüchtlinge das Müller- und Wietfäller Filz erreicht hatten, zogen sich die Soldaten zurück, denn es war klar: Diese gefährlichen Filze werden sie lebendig nicht verlassen. Erst im Frühling hat man die drei, genauer gesagt das, was die Füchse im Umkreis von 100 Metern verstreut im Filz hinterlassen haben, in eine Zeltplane gesammelt. An jener Stelle, an der die drei im Filz starben, sieht der alte Förster, Herr Václav, in der Nacht zu Allerheiligen drei blaue Irrlichter, er hört ein leises Weinen, und wenn die Nacht nicht zu finster ist, beobachtet er, wie drei eng umarmte Schatten über dem Filz tanzen.

Das Museum des Böhmerwaldes in Kašperské Hory (Bergreichenstein) erinnert zwar an die Blütezeit der Stadt, als hier und in der Umgebung vor 400 Jahren Gold gesucht und auch gefunden wurde, es zeigt gekonnt und stolz eine der schönsten Sammlungen von Statuen und Bildern des böhmischen Brückenheiligen Johann von Nepomuk und feinstes böhmisches Glas, aber es hat ein löchriges Gedächtnis. Das Museum gibt dem Wanderer nämlich keine Antwort auf die Fragen: Was war das für ein Volk, das hier im Böhmerwald, im ehemaligen Böhmischen Königreich, seit dem 14. Jahrhundert nach Gold gesucht hatte, den Urwald rodete, Städte, Dörfer, Kirchen, Klöster und Burgen, Glashütten und

Deutscher Friedhof in Kašperské Hory – Bergreichenstein.

Ende des 18. und Anfang des 19. Jahrhunderts zwei Kanäle baute, heute europäische Baudenkmäler, den 15 Kilometer langen Chynitzer (Tatauer) und den 54 Kilometer langen Schwarzenbergischen Schwemmkanal bei Hirschenberg? Wo kam das Volk her und wohin verschwand es spurlos? War dieses Volk wirklich sprach- und geschichtslos? Und wieso hat das Volk in der St.-Niklas-Kirche in Kašperské Hory schon im 14. Jahrhundert in gotischer Schrift und in deutscher Sprache die heilige Mutter Gottes um Gnade gebeten, und warum hat ein volkstümlicher Maler im Jahr 1821 das Bild des böhmischen Märtyrers und Brückenheiligen ausgerechnet mit der deutschen (historisch allerdings sehr zweifelhaften) Aufschrift versehen: Wahre Abbildung des Märtyrers, die am 20. Mai 1883 abgenommen wurde. Und warum hat Anton Kreuss, dessen Vorfahren, ehrenhafte Metzger aus Kašperské Hory, den böhmischen Löwen in ihren Wappen tragen durften, auf seine Windfege noch im Jahr 1884 mit eigener Hand in deutscher Sprache geschnitzt: An Gottes Segen ist alles gelegen? Und warum tragen die berühmtesten Böhmerwälder Glasmacher fremde, genauer gesagt nicht tschechische Namen, wie z. B. Mayer, Loetz und Abeles?

Nach Knížecí Pláně (Fürstenhut), ein über 1000 Meter hoch gelegenes, 1770 besiedeltes Dorf, das es seit dem 20. August 1956, als es mit seiner Kirche und mit seinem Friedhof gesprengt und geschleift wurde, nicht mehr gibt, ist die wahre Geschichte zwar bescheiden, dennoch schon zurückgekehrt: Das 35 Jahre unter Schutt und Asche des Dorfes vergrabene Denkmal mit den Namen von 170 im Ersten und im Zweiten Weltkrieg gefallenen Bürgern von Fürstenhut und die Dorfwappen aus dem 18. Jahrhundert sind wieder, allerdings vor der Ruine der Kirche, aufgestellt. Dort, wo vor 37 Jahren der Altar stand, erhebt sich das zweite Jahr über den Ruinen ein grünes Kreuz mit einer Tafel: Hier stand die Kirche der Pfarrgemeinde Fürstenhut. 1912 erbaut. 1946 Vertreibung der Bewohner. 1956 Zerstörung der Kirche und der Ortschaften.

Eine mitteleuropäische Tragödie in vier kurzen Sätzen . . .

Der Friedhof mit seinen umgestoßenen und zerstörten Grabdenkmälern, mit abgeschlagenen Kreuzen, ist von den vertriebenen Deutschen aus Fürstenhut mit Hilfe des Gemeindeamtes von Borová Lada (Ferchenhaid) vor zwei Jahren renoviert worden. Die gefundenen Marmorsplitter mit zerschlagenen Namen und einige Grabbilder legte man auf die Grabsteine. Die Toten ruhen heute nicht mehr im wild gewachsenen Gebüsch, sondern unter frischem, dunkelgrünem Klee.

Ein junger Mann bleibt auf seinem Mountainbike vor dem Wanderer stehen und schüttelt den Kopf: »Zwei Jahre, von 1982 bis 1984, habe ich in Knížecí Pláně als Grenzsoldat gedient. Damals gab es hier nur Gebüsch und Brennessel. Und nicht ganze 500 Meter westlich lauerte, sagten uns die Genossen Offiziere, der militaristisch-faschistische Feind. Ab und zu legte uns der bayerische Feind auf den Grenzstein aus dem Jahr 1772 eine Schachtel amerikanischer Zigaretten.«

Der Mann schaut den Wanderer von der linken Seite an: »Haben Sie zufällig westliche Zigaretten? Nein? Macht nichts. Und so«, lacht der ehemalige Grenzsoldat, »wurden wir ideologisch unterwandert.«

»Und wurde hier scharf geschossen?« – Der junge Mann wird ernst, er sieht sich um und erwidert: »Immer wieder wurde hier geballert. Leuchtraketen stiegen hoch, die Bayern drüben wurden nervös, Hubschrauber stiegen auf der deutschen Seite hoch und blieben wie Ungeheuer aus dem All mit eingeschalteten Scheinwerfern kurz vor der Grenze in der Finsternis stecken.« – »Gab es Tote?« – »Ich habe achtzehn gezählt, davon zehn DDRler, drei Polen, einen russischen Deserteur und vier ganz gewöhnliche Tschechen. Wer nicht an der Grenze gedient hat, kann sich den Wahnsinn nicht vorstellen. Was würden Sie tun, wenn fünf Meter vor Ihnen in der Morgendämmerung aus dem Gebüsch zwei Leute mit Rucksäcken, ein Mädchen und ein junger Mann, heraustreten? Ich habe zweimal Halt gerufen und in Richtung Bayern in die Luft geschossen. Aber sie blieben nicht stehen! Und dann ...«, die Stimme des ehemaligen Grenzsoldaten versagt, er schnappt nach Luft: »Was würden Sie tun, wenn Sie ein Unteroffizier, Mitglied der Kommunistischen Partei, anschreit: Knall sie endlich ab! Ist es möglich, mit einer Maschinenpistole ein 20, höchstens 25 Meter entferntes Ziel zu verfehlen?«

Der ehemalige Soldat starrt den aus Eisen gegossenen, verrosteten Christus am Kreuz an, der vor dem grün gestrichenen Tor zum Friedhof an einen grauen Granitblock angelehnt stirbt.

Es regnet.

Dem Wanderer fällt erst jetzt ein, daß er vom ehemaligen Grenzsoldaten deutsch angesprochen wird und daß er, ein Tscheche, der in Bayern lebt, mit dem jungen Mann deutsch spricht.

»Sie hieß, so einen Namen habe ich bisher nicht gehört, Brunnhilde und war erst achtzehn, er, um drei Jahre älter, war Erich, wie der Honecker«, sagte der Soldat deutsch. »Beide kamen aus Magdeburg ... Seit Sommer 1990, als die Stacheldrahtzäune abgerissen wurden, komme ich immer wieder hierher zurück. Aber heute ist nicht viel los an der Grenze.« Der junge Mann dreht sich mit seinem knallroten Mountainbike um und fährt schnell Richtung Kirchenruine weg.

Der Wanderer hört den eisernen Christus kichern.

Ein alter Mann im grauen Regenmantel erhebt sich hinter dem Granitblock und sagt: »Na ja, der František, der ist mit allen Wassern gewaschen! Er kommt im Sommer fast jeden Tag hierher und erzählt den deutschen Touristen seine mörderische Geschichte. Und den Deutschen, diesem sonderbaren Volk, reißt Františeks von Anfang bis Ende gelogene Geschichte zuerst das Herz auf, dann öffnet sie auch ihren Geldbeutel. Wer kann sich schon nach der Rückkehr vom Urlaub damit rühmen, an der Grenze mit einem echten Todesschützen gesprochen zu haben? Heute hat František aber Pech gehabt. Das Wetter spielt nicht mit, die deutschen Touristen blieben in ihren Hotels, und so bekamen Sie gratis, allerdings in Kurzfassung, seine auswendig gelernte Geschichte zu hören. Spendieren Sie mir fünf Mark, und ich erzähle sie zu Ende ...«

Der Wanderer gibt dem Mann fünf Mark; er will das Ende der Geschichte aber nicht hören.

Der Bürgermeister von Prášily (Stubenbach), Jindřich Sebesta, führt seit zwei Jahren einen harten Kampf mit den Offizieren von der Verwaltung der militärischen Wälder um 11 460 Hektar Wald, einst Eigentum des Fürsten Schwarzenberg, auf dem Katasteramt der Gemeinde. Die Gemeinde Prášily braucht den Wald, um zu überleben, um in den Wiederaufbau des verwüsteten Dorfes und in die sanfte Touristik investieren zu können. Aber die Militärs, seit 1949 Inhaber des Böhmerwaldes, wollen den Wald nicht hergeben; die Prager Regierung ist ratlos und weiß auch nicht, wie sie die Eigentumsverhältnisse des Waldes an der Grenze lösen soll.

Der Bürgermeister holt die Dorfchronik aus dem Jahr 1928 aus dem Schrank.

»Beachten Sie das Papier, auf dem die Chronik geschrieben ist. In Prášily gab es vor 1945 eine Papierfabrik, die das beste

Handpapier weit und breit herstellte. In der k. k.-Monarchie wurden auf unserem Papier die offiziellen Urkunden und Staatsverträge der österreichischen Monarchie geschrieben, auf unserem Papier unterschrieb der österreichische Kaiser 1914 die Kriegserklärung, auf handgemachtem Papier aus Prášily dankte Kaiser Karl 1918 ab, nach 1918 wurde auf unserem Papier die erste Verfassung der Tschechoslowakischen Republik gedruckt; die tschechische Fassung des Münchener Abkommens vom Herbst 1938 ist auch auf unserem Papier aufgeschrieben. Und heute gibt es diese Fabrik nicht mehr.«

Der Bürgermeister Sebesta möchte schon lieber heute als morgen die vertriebenen Deutschen zurück in Prášily haben. Über 200 Anträge auf Kauf von verwüsteten Häusern oder von Ruinen von einstigen deutschen Bauernhöfen liegen ihm vor; die interessierten Käufer, Tschechen und Deutsche, wollen in Prášily investieren, aber der Bürgermeister kann heute nicht einmal einen trockenen Ast aus dem Wald verkaufen, denn der Wald gehört immer noch der Armee.
»Stellen Sie sich vor«, erzählt Jindřich Sebesta, »daß der ganze Nationalpark Bayerischer Wald nur um etwa 2000 Hektar größer ist als die Gemeinde Prášily mit unseren heutigen 11460 Hektar. Und drüben leben im Nationalpark einige tausend Menschen; in Prášily zähle ich heute nicht ganz hundert Einwohner. Wenn es zu einem bayerisch-böhmischen Naturschutzgebiet Böhmerwald kommen sollte, dann bringen wir auf unserer Seite an die 65000 Hektar seit 1945 unberührter Natur und Wald ein. Aber stellen Sie sich vor: Die Gemeinde Prášily bekommt vom Staat heute jährlich nur 50000 Kronen, das sind umgerechnet 3000 DM. Der gesamte tschechische Nationalpark Böhmerwald mit 69000 Hektar Land und Wald bekommt aus Prag jähr-

lich 14 Millionen Kronen, das sind 800 000 Mark Zuschuß. Das ist gerade genug zum Sterben.«

In Alt-Hurkental ist es über den überwucherten Ruinen bedrückend still, feucht und für den verregneten Tag zu warm. Der Wanderer riecht auch nach 40 Jahren Brandgeruch; 1953 übten hier drei Panzerdivisionen mit scharfer Munition und mit Napalm Angriff gegen den imperialistischen Feind in Bayern. Alt-Hurkental soll damals zwei Tage lang gebrannt haben. Am vierten Tag, es war der Feiertag Mariä Himmelfahrt, kamen die Bulldozer und schleiften die brennenden Trümmer des einst blühenden Dorfes. Die 200jährige Geschichte von Alt-Hurkental war damit ausgelöscht, zerstört und verbrannt.

Das blieb nach fast 50 Jahren Sozialismus im Hurkenwald zurück: Die Ruine der Gruft des weltberühmten Glasfabrikanten Abeles.

Vor dem Zweiten Weltkrieg hatte Alt-Hurkental über 1000 Einwohner. In einer Fabrik, im 18. Jahrhundert von der Familie Abeles gegründet, wurden die weltberühmten und sündhaft teuren Alt-Hurkentaler Spiegel hergestellt. Im Museum von Bergreichenstein ist ein echter Alt-Hurkentaler Spiegel aus dem Jahr 1912 zu sehen. Sein Wert heute? »Ein Kunsthistoriker aus Regensburg«, sagte Milada Straková, die den Wanderer durch das Museum führte, »hat den Spiegel mit dem Bild der Mutter Gottes auf 30000 bis 35000 DM geschätzt.«

Vom einstigen Alt-Hurkentaler Weltruhm blieb nur die geplünderte Ruine der Gruft der Familie Abeles stehen. Sie wird von Touristen, die schweigend die mit Grün überwucherten Ruinen besuchen, für eine Kirche gehalten. Die Barockkirche von Alt-Hurkental stand aber 50 Meter westlich von der Abeles-Gruft entfernt. Pfadfinder aus Klatovy (Klattau) legen an der Stelle, wo einst der Altar gestanden haben könnte, ein Feuer und kochen Gulasch. Ein Mädchen spielt Gitarre, zwei Jungs singen mit sich überschlagenden Stimmen: »Es ist ein langer Weg in den wilden Westen ...« Vier Jungs mit braunen Cowboyhüten und in dunkelgrünen Kampfoveralls der US-Army graben in den verwachsenen Ruinen links von der Kirche.

»Hier finden wir immer wieder Spiegelsplitter«, sagt ein schwarzhaariger Pfadfinder. »Wollen Sie welche sehen?« fragt er den Wanderer und zeigt auf einige Spiegelsplitter, die auf einem weißen Tuch im Schatten eines Holunderstrauches liegen. »Das Charakteristische für den weltberühmten Spiegel aus Alt-Hurkental ist sein ganz sanftes Blau unter einer kristallklaren, strahlenden Oberfläche«, fügt er stolz hinzu. Und warum sammeln die Pfadfinder aus Klatovy Spiegelsplitter? »Na ja«, sagt der Blonde und hebt seinen Cowboyhut, »seit drei Jahren sammeln und dokumentieren wir in den Ruinen der einst deutschen Dörfer alles, was hier noch zu finden ist. Jemand muß sich doch um die Vergangenheit kümmern, auch wenn er mit Sammeln von Scheiben, Splittern, Glasklumpen, von verrosteten Pflügen und landwirtschaftlichen Maschinen anfängt.«

In Srní (Rehberg), 850 Meter über dem Meeresspiegel, regnet es; kein Wunder, Srní hält den böhmischen Rekord: Am 13. Mai 1940 wurden hier in 24 Stunden 189 Millimeter Regen gemessen; sonst fallen hier aus den niedrig hängenden Wolken jährlich an die 500 Millimeter Regenwasser. Im Hotel »Srní« langweilen sich holländische Touristen; der Ausflug

Für böhmische Heilige ist der Winter nicht vorbei. Der Staat weigert sich, das Eigentum der katholischen Kirche, von den Kommunisten im Jahr 1948 beschlagnahmt, zurückzugeben.

zum Weitfäller Filz fiel ins Wasser. Im Hotel »Sumava«, das seit der Wende schon dreimal den Besitzer wechselte, langweilt sich keiner, hier gähnt eine nach billigen Desinfektionsmitteln riechende Leere. Das wahre Leben schäumt in der Dorfkneipe gegenüber der Kirche über. Hier stimmt alles: Ein halber Liter Pilsner Bier kostet 7 Kronen, das sind 50 Pfennig, und die Gesellschaft ist auch richtig: Holzfäller und Waldarbeiter, einheimische Bergwanderer in amerikanischen Uniformen, Angehörige der Grenzpolizei im Dienst oder in Zivil, kurzum das Volk von Srní, die Böhmerwäldler. Ein junger Mann, Oberwachtmeister der Grenzpolizei, hebt

Harlandbachbrücke im Böhmerwald, Grenze zwischen Böhmen und Bayern. Einst führte über die Brücke der Goldene Steig, eine der größten und bedeutendsten Handelsstraßen Europas, vorbei.

sein Glas und schaut den Wanderer bös an: »Unter den Kommunisten war es besser, an der Grenze war es ruhig. Und heute muß ich jede Nacht rumänische Zigeuner, Bulgaren und Ukrainer, Schwarze aus Afrika, Inder, Araber und Chinesen, die über die grüne Grenze nach Bayern schleichen, jagen. Gestern in der Nacht haben wir im Elisenthal fünfzehn Chinesen, stellen Sie sich vor – Chinesen im Böhmerwald! –, erwischt.«
Der 17jährige Tonda, der Pferdekutscher mit dem Gesicht eines Intellektuellen, lacht: »Das ist, Milan, wirklich kein Leben, nachts im Böhmerwald Chinesen zu jagen! Ich sage dir, in fünf Monaten bin ich achtzehn und haue sofort nach Frankreich in die Fremdenlegion ab.«

Draußen hat es aufgehört zu regnen.
Die Glocken der Kirche in Srní läuten zur heiligen Messe.
Der Wanderer betritt die Kirche und fährt erschrocken zusammen: Er und der Pfarrer, der ratlos links vom Altar steht, sind in der Kirche allein.

(August 1993)

Am Ende der Prager deutschen Literatur – Jiří Havlíček und sein Lebenswerk

Der alte Dichter ist mit seinem Leben zufrieden: Er schläft im Bett, in dem er von seinem Vater, einem Prager Bühnenbildner an den preußischen königlichen Theatern, in Berlin gezeugt wurde und in dem ihn seine Mutter 1913 gebar. In diesem Bett, es steht in seiner Küche, möchte er auch sterben.

An die Verwirklichung seines langgehegten großen Traums konnte Jiří Havlíček erst vor drei Jahren gehen, gleich nach dem Sturz des kommunistischen Regimes in Prag: Er gründete einen Verlag und investierte alle seine Ersparnisse, an die 250 000 Kronen (für ihn sind es hundert Monatsrenten), in die Herausgabe seines Lebenswerks.

Herr Havlíček hat genau gerechnet: Das in Schönschrift geschriebene Verzeichnis seiner Werke vom Februar 1931, als er das erste Gedicht »Die Augen des Herrn Václav Burt« schrieb, bis Ende des Jahres 1992, das er mit dem Gedicht »Schlafengehen für immer« abgeschlossen hatte, umfaßt 4462 lyrische Texte, Theaterstücke und philosophisch-psychologische Betrachtungen, davon sind 4295 in Deutsch und 167 in Tschechisch geschrieben. Alle seine tschechischen Gedichte und den lyrischen Essay »Auferstehung mit T. G. Masaryk und mit Václav Havel« schrieb der Dichter erst im Jahr 1991.

Das gedruckte Lebenswerk des letzten deutsch dichtenden Prager Lyrikers liegt unverkäuflich in seiner kleinen Wohnung gestapelt. Havlíčeks Hauptwerk, die komplette Auflage von 1200 Exemplaren seines philosophischen Buchs »Der Mensch, seine Taten und Werke – Versuch einer Systematik der Betätigungsarten und eine aus ihnen resultierende Typologie des Menschen« lagert in seinem Wohnzimmer hinter dem Koksofen.

»Ich bin wohl der einzige Verleger in Prag, der kein Telefon hat, ja, der nicht einmal eine Schreibmaschine besitzt.« Der Jiří-Havlíček-Verlag hat seinen Platz auf dem Küchentisch gefunden; die Buchhaltung mußte sich mit dem Sessel neben dem Ofen begnügen.

Der 80jährige Dichter und Verleger hat große Pläne: Er will eine Monographie über das graphische Werk seines älteren Bruders Karel schreiben. Der Autodidakt Karel starb schon vor fünf Jahren. Von ihm kauften die Wiener Albertina und die Prager Nationalgalerie bereits zu Lebzeiten. Auch über seinen Vater, ein bedeutender tschechischer Bühnenbildner und Maler, will er ein Buch herausgeben.

»Von diesem Traum, eher Verpflichtung, trennen mich nur 250000 Kronen!« – Herr Havlíček, wo wollen Sie so viel Geld hernehmen?« – »Ich hoffe auf ein Wunder!« Und wie stellt sich der Dichter ein Wunder vor? »Ganz einfach! Es kann geschehen, daß ich alle meine Bücher, die in der Wohnung liegen, verkaufe, und dann hätte ich schon an die 250000 Kronen beisammen. Kann auch sein, daß ich im Lotto gewinne. Und übrigens: Ich bin fest davon überzeugt, daß Gott mich und meinen letzten Traum nicht vergessen wird.«

»Wieso schreibt ein Tscheche seit 60 Jahren deutsch?« frage ich. Die Erklärung ist nüchtern und sachlich, kein poetisches Geheimnis: Als der kleine Jiří 1919 schulpflichtig wurde, gab es in Berlin keine tschechische Schule. Es blieb ihm also nichts anderes übrig, als Deutsch zu lernen.

Bis zu seinem sechsten Lebensjahr hatte Havlíček eine tschechische und dann bis Mitte der zwanziger Jahre eine deutsche Muttersprache. Und als Vater Havlíček Mitte der zwanziger Jahre vom Prager Nationaltheater engagiert wurde und die Havlíčeks nach 15 Jahren von Berlin zurück nach Prag zogen, konnte Jiří kein tschechisches Gymnasium besuchen, weil er nicht richtig Tschechisch sprach.

Auf der Schulbank schrieb er 1931 nach dem Tod seiner Mutter sein zweites Gedicht: *Glückträume.../ O, Zeiten, goldene Zeiten,/ wo seid ihr, die ich sah/in Traumgebilden gleiten,/ so rosig schön und nah?/ Ins Träumen oft versunken/ hab' ich die Lust verspürt, die mich freundetrunken/ zum Himmel weggeführt...*

Anfang der dreißiger Jahre wurde in Prag bessere deutsche Lyrik geschrieben. Viel Schaden konnten solche Verse daher nicht anrichten. Die meisten Gymnasiasten hörten nach der Matura mit der Lyrik auf. Nur Jiří Havlíček fing erst richtig an. Auch wollte er Architekt werden, stellte jedoch nach zwei Semestern fest, daß er eigentlich ein richtiger Dichter sein möchte. Aber vom Dichten allein konnte er nicht leben, so arbeitete er als Sachbearbeiter und später als Übersetzer in derselben Versicherungsgesellschaft, in der vor ihm Dr. Franz Kafka tätig war.

47 Jahre hat Jiří Havlíček kein einziges von seinen Gedichten veröffentlicht. Im Zweiten Weltkrieg, als Prag die Hauptstadt des sogenannten Protektorats Böhmen und Mähren war, wurde er zwar mehrmals aufgefordert, in der Prager deutschen Presse zu publizieren. Für die Nazis hatte der Dichter aber keinen einzigen Vers übrig.

Für ihn war klar: »Das Ende der großartigen Prager deutschen Literatur kam nicht im Mai 1945, als auch die Prager Deutschen vertrieben wurden, sondern schon am 15. März 1939, als Hitler Prag besetzte. Von diesem Tag an gab es in

Jiří Havlíček, der letzte deutsche Dichter in seiner Wohnung in Prag.

Prag keine deutsche Literatur mehr, sondern nur ein von Goebbels gesteuertes deutsches Schrifttum. Unter Goebbels wollte ich genausowenig publizieren wie später unter den Kommunisten.«

Sein Schweigen brach der Dichter am 24. August 1946 mit diesem Gedicht: *Ich las nach langem Schaffenstod/Ein Körbchen edler Lyrik/Nach jahrelangen Massennot/Dürft' ich genießen wieder Glück/Daß ich ein Dichter, der nicht dichtet/Daß ich der guten einer bin*... Erst 1978 kam, besorgt von der Gesellschaft für Literatur und Bildung, ein schmaler Band »Gedichte und Philosophie des Leids« heraus.

Warum hat der Dichter nach seinem siebenjährigen Schweigen im Jahr 1946 wieder in Deutsch geschrieben? Zumal in einer Zeit, in der in Prag nicht einmal ein Beethoven, geschweige denn Richard Wagner gespielt werden durfte, als die gesamte Prager deutsche Literatur vergessen werden mußte? »Ein Gedicht ist in die ursprüngliche Sprache seines Schöpfers verbannt. Und die ursprüngliche Sprache meiner Lyrik war deutsch. Der Tonfall, der Rhythmus und der Reim der deutschen Sprache lagen mir von meiner Kindheit viel näher als das Tschechische.«

Jiří Havlíček kennt die Werke der großen Prager deutschsprachigen Dichter, vor allem die von Franz Werfel und Rainer Maria Rilke, Max Brods Übersetzungen von Janáčeks Opern und von Karel Čapeks Theaterstücken und auch Rudolf Fuchs' deutsche Nachdichtung von Petr Bezruč »Schlesischen Liedern«...

Diese Art von deutscher Lyrik und Nachdichtungen haben in Havlíčeks 4295 deutschen Gedichten und Texten keine Spur hinterlassen. Mehr noch: Der Dichter geht in seinem 1992 herausgegebenen Essay »Das Jahrhundert der impotenten Künstler« mit der gesamten modernen Kunst ins Gericht. Auflage: 1200 Exemplare; verkauft wurde kein einziges.

Der alte Dichter weicht nicht einen Fußbreit von seinem schöpferischen Prinzip: »Ich schreibe eine (und der Dichter verwendet ein tschechisches Wort) nadcasova Lyrik.« Ich übersetze das Wort »nadcasova« als »zeitlos«. Havlíček ist mit meiner Übersetzung nicht einverstanden: »Nadcasova kann deutsch nur ›überzeitliche Lyrik‹ heißen, oder man kann diesen Begriff noch genauer mit einer Umschreibung ausdrücken: Ein Gedicht läßt sich auf der Welle der Zeit von der vergangenen in die zukünftige Ewigkeit tragen.«

Ich schweige.

Nach einer langen Pause sagt der alte Dichter: »Wenn ich schreibe, muß in mir Friede sein.« – »Was für ein Friede, ein tschechischer oder ein deutscher?« Jiří Havlíček antwortet ein wenig unsicher: »Ein deutscher. Ein Friede wie damals in meiner Berliner Jugend.«

(August 1993)

»Mariä Verkündigung« wieder in der Kreuzkirche von Děčín (Tetschen) – Die Familie des Fürsten Thun-Hohenstein löst Versprechen ein

Die stummen Zeugen aus der verdrängten Vergangenheit der Stadt Děčín an der Elbe, deutsch Tetschen, können jetzt wieder frei, sogar deutsch sprechen. Über die Geschichte des einst prächtigen Schlosses der Familie Thun-Hohenstein auf den Felsen über der Elbe, vor zwei Jahren noch eine Kaserne der sowjetischen Okkupanten, heute eine innen verwüstete Halbruine, gab das Gemeindeamt von Děčín 1991 in deutscher Sprache eine Broschüre heraus. Sie erinnert an die Familie Thun-Hohenstein, die das Schloß in drei Jahrhunderten zu einem kulturellen Zentrum in Nordböhmen ausgebaut hatte, und an die engen Bindungen dieser deutschsprachigen, seit zwei Jahrhunderten böhmisch-patriotischen Familie – auch das hat es einst in Böhmen gegeben – an das politische und kulturelle Leben des Landes.

Děčín hat mit seinem nach dem Sieg der sanften tschechischen Revolution im Herbst 1989 frei gewählten Bürgermeister Zdeněk Kropáček Glück. Genauer gesagt: Die Bürger waren vernünftig und wählten zum Bürgermeister einen Mann, der die tausendjährige Geschichte der Stadt allmählich nach Děčín zurückholt.

»Wir sind eine Stadt mit einer vergessenen Geschichte und mit einer verdrängten Tradition. Unsere Bürger müssen endlich erfahren, wo sie ihre Wurzeln haben«, sagte der Bürgermeister. Die Sache mit der vergessenen Geschichte und mit der verdrängten Tradition hat jedoch für die Tschechen einen Haken. Auf der Suche nach der vergessenen Vergangenheit und bis 1989 verbotenen Tradition hat es Bürgermeister Kropáček mit seinen Mitarbeitern nicht leicht. Auf der einen Seite entdeckt er immer wieder die 800jährige Geschichte der vertriebenen Deutschen, immer wieder begegnet er der aus Tirol stammenden Familie Thun-Hohenstein und ihren unverkennbaren Spuren in Děčín. Auf der anderen Seite stößt er auf das Mißtrauen vieler Bürger, die von der verdrängten deutschen Geschichte ihrer Stadt nichts wissen wollten.

»Schlußstriche gelten in der Geschichte nicht, und es ist unmöglich, aus der eigenen Geschichte auszusteigen«, sagte der Pfarrer der Kreuzkirche in Děčín, Pavel Jančík. Der Besucher sprach mit ihm über die Kluft, die auch in Děčín die fernere Geschichte von der Zeitgeschichte trennt, und über die Chancen, sie zu überwinden. Christliche Liebe ist zwar die Voraussetzung für Versöhnung. Aber Liebe allein reicht zur Überwindung des Grabens zwischen Tschechen und Deutschen nicht aus. Pfarrer Jančík spricht plötzlich von »einem Wunder, einer göttlichen Vorsehung und einem Zeichen, das die Versöhnung in Děčín leichter macht«.

Beim Umgang mit Wundern ist Vorsicht geboten; halten wir uns an die Tatsachen. Die Kreuzkirche, von der Familie Thun-Hohenstein auf dem Gelände des großartig angelegten Schlosses gebaut, brannte im Jahre 1749 aus. Das Bild »Mariä Verkündigung« von Karel Škréta, dem großen Meister des tschechischen Barock, das den linken Seitenaltar schmückte, wurde zu Asche. Benedikt Kern, geboren in der Nähe von Děčín, der Bruder des berühmten Laers Anton Kern, bekam von der Familie Thun-Hohenstein den Auftrag, für die wiederaufgebaute Kreuzkirche ein neues Bild zu malen. Benedikt Kerns Bild von Mariä Verkündigung blieb bis 1944 in der Schloßkirche, dann wurde es zur Restaurierung in der Werkstatt eines Künstlers in den Böhmerwald geschickt. Als im Jahr 1945 der Restaurator aus Böhmen vertrieben wurde, konnte er das Bild – und das war damals tatsächlich ein Wunder – über die Grenze nach Bayern retten. Erst nach einigen Jahren konnte der Künstler die ebenfalls nach Bayern vertriebene Familie Thun-Hohenstein finden und das Bild den Eigentümern übergeben.

Fürst Franz Thun-Hohenstein erinnert sich: »Als das riesige Bild verpackt ankam, war ich mit meinen Geschwistern neugierig, etwas zu sehen und greifen zu können, das wirklich aus Děčín stammte, aus Böhmen, das für uns eine Art von Traumexistenz gewonnen hatte. Děčín war für uns zwar lebendig geblieben, zugleich aber unerreichbar. Und dieses Bild aus der alten Heimat der Väter begleitete dann das Leben und Sterben in unserer Familie.«

Franz Thun-Hohenstein mußte seinem Großvater Franz Anton und seinem im Jahr 1990 verstorbenen Vater, Christoph Fürst von Thun-Hohenstein, versprechen: Wenn Böhmen wieder ein freies Land wird, wird er das Bild von Mariä Verkündigung in die Děčíner Kreuzkirche zurückbringen.

Im September 1991 wurde der 300. Jahrestag der Einweihung der Schloßkirche gefeiert. Bei dieser Gelegenheit wurde zwischen dem Gemeindeamt von Děčín, dem heutigen Besitzer des Schlosses und der Kirche, und den Vertretern des Bistums Litoměřice, deutsch Leitmeritz, ein Vertrag geschlossen, der die Zukunft der Kirche sichert: Die Stadt wird die Kirche renovieren lassen und in die Obhut der katholischen Kirche geben. Als Zeuge hat diesen feierlichen Vertrag auch Fürst Franz Anton, der Enkel des letzten deutschen Schutzherrn der Kirche, unterzeichnet. Der Weg zur Rückkehr des Altarbildes in die Kreuzkirche stand offen.

Die Familie Thun-Hohenstein mußte allerdings noch eine

Das Altarbild in Děčín – Tetschen kehrte nach 50 Jahren in die Stadtkirche zurück.

deutsche bürokratische Hürde überwinden: Die deutschen Zöllner konnten es nicht fassen, daß eine aus Böhmen vertriebene deutsch-böhmische Familie ein so wertvolles Bild, das einzige, was sie von ihrem einstigen Reichtum hatte retten können, zurück nach Tetschen bringt und verschenkt. Und ein Schock kam am 12. März, als das große Bild in einer Kiste nach einem halben Jahrhundert auf den Weg zurück nach Böhmen geschickt wurde; das Speditionsunternehmen aus Děčín hatte auf seinen Lastwagen auch Gasflaschen aus Belgien geladen. »Als ich spät am Abend in Děčín anrief und hörte, daß das Bild auf den hochexplosiven Gasflaschen seine letzte Reise zurück in die Heimat unbeschädigt überstanden hatte, hab ich still gebetet und dreimal Halleluja gesungen«, sagte Fürstin-Mutter Zita von Thun-Hohenstein. Am Samstag, dem 27. März, kam die Familie Thun-Hohenstein in die Kreuzkirche in Děčín, um zusammen mit dem Bischof von Litoměřice, Josef Koukl, mit dem Bürgermeister, den Stadträten und mit Bürgern von Děčín die Rückkehr des Altarbildes mit einer Messe in tschechischer und deutscher Sprache zu feiern. Es wurde nicht viel und überhaupt nicht pathetisch gesprochen: Bürgermeister Kropáček sagte: »Wir sind der Familie Thun-Hohenstein dafür zu Dank verbunden, daß sie fast ein halbes Jahrhundert das Bild von Mariä Verkündigung gepflegt und verehrt und daß sie es jetzt frisch restauriert zurück in die Kreuzkirche gebracht hat. Daß die Wand über dem Altar nicht mehr leer ist, beweist die neue, in die Zukunft weisende Qualität der bisher so komplizierten, ja tragischen Beziehungen zwischen den Deutschen und den Tschechen und unsere beiderseitige Bereitschaft zur Versöhnung.« Fürst Franz Anton Thun-Hohenstein sprach zuerst tschechisch und wiederholte dann auf deutsch: »Präsident Havel hat, als er sich für die Vertreibung beziehungsweise Aussiedlung des Großteils der deutschsprachigen Be-

völkerung aus der Tschechoslowakei entschuldigte, einen hohen Maßstab gesetzt. Sein Wort hat uns unsere eigene Schuld in Erinnerung gerufen, zu der uns zu bekennen uns schwerfällt. Deshalb will ich sie alle um Verzeihung bitten für das, was sie auf der tschechischen Seite an Ungerechtigkeit, Leiden und Erniedrigung durch uns erlitten haben.«
In der vollen Kreuzkirche herrschte nach solchen von den Děčíner Bürgern bisher noch nie gehörten Worten einige Sekunden lang Stille. Erst dann erhob sich stürmischer Beifall. Ein Wunder in Böhmen? Die Antwort wird die nahe Zukunft geben.

(April 1993)

Vorbild für Kafkas »Schloss«? – Der Getreidespeicher in Zürau

In Siřem, bis 1945 hieß das nordböhmische Dorf zwischen Podersam und Saaz Zürau, ist Franz Kafka kein Unbekannter. Von den drei Frauen, die am Marktplatz vor der verwüsteten Kirche auf den Bus nach Saaz warten, kennen ihn alle. »Franz Kafka, natürlich, den kenne ich«, sagt die jüngste, »das war doch der reiche Jude aus Prag, der hier bei uns in Siřem vor Jahren mit seiner heimlichen Liebe Ottylia außer Sicht seiner schrecklich eifersüchtigen Sarah einige schöne Monate genossen hat!«
»Nein, so war es nicht! Erzähle keine Lügen!« ärgert sich die älteste Frau. »Franz Kafka war ein ganz berühmter Schriftsteller, der hier bei uns mit seiner Schwester Ottla im Judenhaus gelebt hat. Er hat es auf der Lunge gehabt.«
»Stimmt auch nicht«, erwidert die dritte, eine schwarzhaarige Frau, »ich muß es doch wissen, denn mein Vater hat mit dem letzten Deutschen in Siřem über den Dichter gesprochen, mit Herrn Karl Tussel, der Kafka gekannt hat. Das sogenannte Judenhaus vor der katholischen Kirche war das heute schon längst abgerissene Geschäft des jüdischen Kaufmanns Karl Hermann. Und Ottla mietete zwei Zimmer in Hermanns Haus links von der Kirche. Heute wohnt Herr Jožka Kop drin.«
Der letzte Deutsche in Siřem, Karl Tussel, wird über Kafka nichts mehr sagen können; er ist vor zehn Jahren gestorben. Aber Herr Miroslav Čech, der mit Herrn Tussel sehr viel über

Kafka in Siřem-Zürau gesprochen hat, erklärt resolut: »Das Vorbild für Kafkas Schloß war nicht das Schloß der Waldsteins in Friedland, sondern, Sie werden sich wundern, unser Getreidespeicher! Karl Tussel hat es mir mehrmals gesagt: Aus dem Fenster seines Zimmers in Hermanns Haus sah Kafka – lesen Sie nur die Eintragung in seinem Tagebuch vom 15. Oktober 1917 – täglich den Getreidespeicher. Unter Kafkas Fenster befand sich der von seiner Schwester angelegte Garten, in dem Kafka Ende März 1918 arbeitete. Hier ruhte er sich aus, hier konnte er sich, schon schwer an Tuberkulose erkrankt, ein wenig erholen.«
Und dann folgt die traurige Geschichte von Siřem-Zürau: »Im Jahr 1945 gab es in Zürau 115 Bauernhöfe und mehr als 800 deutsche Einwohner. Alle, bis auf fünf oder sechs aus

Siřem, der Ausblick aus Kafkas Zimmer aufs »Schloß«, einen Getreidespeicher.

Mischehen, wurden 1945 vertrieben. Franz Kafka schrieb am 28. September 1917 über die Bauern aus Zürau: Edelmänner, die sich in die Landwirtschaft gerettet haben, wo sie ihre Arbeit so weise und demütig eingerichtet haben, daß sie sich lückenlos ins Ganze fügt. Und heute ist das Dorf eine verlassene Halbruine ohne Zukunft. Die Kirche – Kafka hat aus seinem Fenster ihre südliche Wand sehen können – symbolisiert den Verfall des Dorfes: Zuerst wurden die Glocken gestohlen; bis Ende der sechziger Jahre wurde nach und nach die gesamte Einrichtung der Kirche, die drei Altäre, die zwei Beichtstühle, die barocken Engel und die zwölf Bilder, entweder gestohlen oder von den damals herrschenden Genossen für westliche Devisen ins Ausland verhökert.«

Ab und zu kommen jetzt Besucher aus dem Westen, ja sogar drei Fernsehteams waren schon in Siřem-Zürau, und suchen hier nach Kafkas Spuren. Ein knappes Jahr hat Kafka in Siřem-Zürau verbracht. Vieles darüber ist in seinen Briefen und in seinem Tagebuch nachzulesen. Im Dorf selbst ist aus Kafkas Zeit dort nichts mehr zu finden, nur die Aussicht aus Kafkas Zimmer in Jožka Kops Haus auf den Getreidespeicher mit einem verrosteten Traktor im Vordergrund und auf den ehemaligen Teich, heute ein Wasserreservoir mit dem böhmischen Brückenheiligen Johannes von Nepomuk auf der nördlichen Betonkante oberhalb des fauligen Wassers.

Geblieben ist auch der Blick in den Garten, in welchem der Dichter vor 75 Jahren zum letzten Mal in seinem Leben den Duft der warmen Erde in seine kranke Lunge eingeatmet hat. Am 15. September 1917 schrieb Kafka in seinem Tagebuch über Ottlas Garten: »O schöne Stunden, meisterhafte Fassung, verwilderter Garten! Du biegst aus dem Haus, und auf dem Gartenweg treibt dir entgegen die Göttin des Glücks.«

(September 1993)

Wenn nicht wahr, so doch köstlich gelogen – Sissis Wandlungen in Bardějov

Die einzige Statue der Prinzessin Elisabeth von Bayern, im Volksmund als Sissi bekannt und geliebt, der Gemahlin des österreichischen Kaisers, ungarischen und böhmischen Königs Franz Joseph I., hat nördlich des Böhmerwaldes und des linken Donau-Ufers im ostslowakischen Kurort Bardějov alle Kriege, Revolutionen und Umstürze überlebt. Die Geschichten, die man im Museum und vor der Statue über Sissi erzählt bekommt, sind höchstwahrscheinlich nicht wahr, sie sind aber so köstlich gelogen, daß man sie ohne Bedenken wiederholen kann.

Sissi war im abgelegenen Kurort Bardějov in den Karpaten zum letztenmal im Jahr 1898 gewesen, kurz bevor sie in Genf von einem Anarchisten ermordet wurde. Im Kurort Bardějov hinterließ sie einen Becher, aus dem sie Heilwasser trank, einen kleinen Roulettetisch, an dem schon im Jahr 1821 der russische Zar und sein Gefolge, hundert Fürsten und zweihundert Bojaren, halb Sibirien verloren oder gewonnen haben sollten, und dann ein Dutzend trauriger ungarischer Barone und Grafen, die den Tod ihrer Königin nicht überwinden konnten. Um ihre geliebte Königin immer im Kurort Bardějov zu behalten, ließen die edlen Herren aus Budapest im Jahr 1903 vor jenem Kurhaus, in dem Sissi wohnte – heute heißt es immer noch »Elisabeth« –, eine Statue ihrer Herrin in Bronze gießen und aufstellen.

Im Frühherbst 1914, als russische Truppen unter General

Brussilow über die Karpaten durchgestoßen waren, brannte der Kurort Bardějov aus. Aber es geschah ein Wunder: Sissi blieb unversehrt; sie bekam nicht einmal einen einzigen Granatsplitter ab. Und im Jahr 1918, als die Tschechoslowakische Republik gegründet wurde und alle Statuen der Habsburger niedergerissen, geschmolzen oder zerschlagen wurden, wurde Sissi wieder gerettet: Ein Heimatforscher und Amateurhistoriker erklärte die österreichische Kaiserin und Königin aus dem Geschlecht der bayerischen Wittelsbacher kurzerhand für die Gattin eines reichen Bankiers aus Budapest namens Aron Rothenstein, der die Statue als Ausdruck des Dankes dafür habe errichten lassen, daß seine Sarah hier im Kurort Bardějov Gallensteine hätte loswerden können.
Und im März 1939, als nach dem ersten Zerfall der Tschechoslowakei der slowakische Staat gegründet wurde und nach dem Muster der Nürnberger auch seine Rassengesetze verkündete, bekam Sissi, die bayerische Prinzessin und österreichische Kaiserin und Königin, eine weitere, diesmal eine rein arische Geschichte verpaßt: »Diese Statue«, soll ein Historiker aus Bratislava in seinem Gutachten im Frühjahr 1940 geschrieben haben, »verkörpert das Ideal einer arischen, slowakischen Frau.«
Die Rotarmisten, die im Winter 1944/45 den Kurort Bardějov besetzten, hielten Sissi für die Zarin Katharina II., die mit Hilfe ihrer großartigen Generäle, etwa Suworow, Potemkin und Rumcajew, Ende des 18. Jahrhunderts die Krim erobert und Rußland den Zugang zum Schwarzen Meer gesichert habe. Der sowjetische Oberst in der politischen Abteilung des ukrainischen Frontabschnittes, Leonid Breschnew, der später mächtigste Genosse in der Sowjetunion, soll am 27. Jahrestag der Oktoberrevolution die Sissi alias Katharina II. mit einem Kranz für ihre Verdienste um Mütterchen Rußland geehrt haben.

»Verkörpert das Ideal einer arischen, slowakischen Frau.« – Kaiserin Sissi in Bardějov.

In den ersten drei Jahren nach dem Krieg, bis 1948, als die Kommunisten in der Tschechoslowakei die Macht an sich rissen, und dann bis 1950 kehrte man im Kurort Bardějov zu der Geschichte der jüdischen Frau namens Sarah zurück, ergänzte jedoch die im Jahr 1919 verfälschte Legende um einen Satz: »Sarah Rothenstein, die Partisanin, fiel im slowakischen Aufstand 1944 im Kampf gegen die Faschisten.«
Im Jahr 1950, in der schlimmen Zeit des Stalinismus und des sozialistisch geprägten Antisemitismus, drohte Sissi alias Katharina II. alias Sarah Rothenstein das endgültige Aus. Aber es geschah wieder ein Wunder: Ein slowakischer Kunsthistoriker gab sich Mühe und entdeckte in Sissis Lebenslauf ihre Liebe und Zuneigung zum Proletariat und schrieb, kurz zusammengefaßt: Elisabeth habe bald die erstickende, erzreaktionäre Atmosphäre an dem Wiener Hof erkannt, ihren Gatten verlassen, den Kaiser und König Franz Joseph I., und hier, im Kurort Bardějov, die Nähe des slowakischen Volkes gesucht.« Von 1950 an wurde Sissi eine fortschrittlich-emanzipierte Frau, eine Vorkämpferin für die Rechte und für die Freiheit des slowakischen Volkes.
Und wie steht es mit Sissi im Kurort Bardějov heute? Eine gebildete Frau aus Kaschau (Košice) hielt sie für die slowakische, im Jahr 1972 verstorbene Dichterin Zora Jesenká.
Ein junger Mann sagte: »Das könnte Frau Vašaryová sein, die heutige Botschafterin unserer Republik in Wien. Eine große Schauspielerin in der Rolle der tschechischen Nationalheldin aus dem 19. Jahrhundert Božena Němková.«
»Stimmt nicht«, mischte sich ein älterer Herr ins Gespräch vor der Statue ein, »das ist Frau Doktor, ich glaube, sie hieß Maria Curie-Sklodowski, die vor mehr als 100 Jahren hier als erste durch Trinkkuren die Galle zu heilen begann.«

(Juli 1992)

Der Henker warf einen Toten in die Moldau – Das Martyrium des Johannes von Nepomuk

Im März 1393 – Doktor Johannes von Nepomuk, der in Padua und in Prag studiert hatte, lebte das dreiundzwanzigste Jahr in Prag – nahm der unerbittliche Machtkampf zwischen dem machthungrigen böhmischen und deutschen König, dem seines Vaters, des Kaisers Karl IV., unwürdigen Sohn Wenzel IV., und dem asketischen Christen, dem Prager Erzbischof Johann von Jenstein, und seinem Generalvikar Nepomuk eine tödliche Wende.

Was am 20. März 1393 im Haus Nr. 404 der Prager Altstadt in der Rittergasse geschah – heute sind in diesem Haus, in dem damals der Prager Henker seine Folterkammer hatte, das Prager Institut für Hygiene und eine Snackbar untergebracht –, können wir in der Anklage des Prager Erzbischofs gegen den König Wenzel IV. in Jensteins »Acta in curia Romana«, Absatz XXVII, nachlesen: König Wenzel IV., der sich für einen guten Christen hielt, hat höchstpersönlich den Prager Generalvikar, einen ergebenen Diener Gottes und der römischen Kirche, mit Schwert und Feuer gefoltert.

Die Legende, nach der Johannes von Nepomuk, der Beichtvater der aus Bayern stammenden Königin Sofie, deswegen gefoltert wurde, weil er nicht einmal Wenzel IV. das Beichtgeheimnis der Königin preisgeben wollte, stimmt wahrscheinlich nicht. Diese Legende, die bis heute lebt, ist in Johann von Jensteins Anklage gegen Wenzel IV. nicht enthalten. Sie ist erst ein halbes Jahrhundert nach Nepomuks Märtyrertod in Thomas Ebendorfer von Haselbachs auf Grund von Informationen eines gewissen Andreas von Regensburg geschriebener »Chronik der römischen Kaiser und Päpste« nachzulesen.

Eines ist aber sicher: Die Legende vom schweigsamen Beichtvater und Märtyrer, der Sofies Beichtgeheimnisse ihrem jähzornigen königlichen Ehegatten nicht verraten hat, stammt nicht aus Böhmen, sondern aus Bayern. Die historisch belegten Erkenntnisse sind nüchtern: Johannes von Nepomuk hat in der Folterkammer weder das Beichtgeheimnis noch seinen Erzbischof oder seine Kirche, beide entschiedene Widersacher des charakterlosen Königs, verraten.

Es ging damals um große Politik: Genau wie sein Zeitgenosse Jan Hus war auch Johannes von Nepomuk Opfer des Streites um die weltliche Macht des Königs und um Einfluß der Kirche im Königreich in der Anfangsphase der böhmischen Reformbewegung. Die Behauptung des bayerischen Geschichtsschreibers Turmair, genannt Aventinus, aus dem Jahr 1520 – schon zu dieser Zeit war Johannes von Nepomuk mindestens ein Jahrhundert eine Legende –, daß auch der Prager Reformer Jan Hus Beichtvater der böhmischen und deutschen Königin Sofie gewesen sei, müssen wir heute mit Reserve lesen, oder wir müssen sie als eine phantasievolle Ergänzung der Geschichte hinnehmen.

Johannes von Nepomuk wurde am 20. März 1393 vom Prager Henker und seinem Gesellen um 9 Uhr abends von der Karlsbrücke in die Moldau geworfen. Das war damals in Prag keine ausgefallene, sondern eher eine übliche Hinrichtung. Nepomuks Leichnam wurde erst am 17. April – eine Legende erzählt: in dem Augenblick, als in den Prager Kirchen der Leib Christi dem Volk gezeigt wurde – ungefähr einen Kilometer stromabwärts unterhalb der Karlsbrücke auf der Wasseroberfläche schwimmend entdeckt und zuerst in der Kirche »Zum Größeren heiligen Kreuz« bestattet. Professor Dr. Emanuel Vlček, der Anthropologe der Prager Karls-Universität, behauptet: »Die Tatsache, daß der Leichnam des Märtyrers um zwei Wochen später als der bei lebendigem Leibe ertränkter Menschen auftauchte, zeugt davon, daß Johannes von Nepomuk nicht lebend, sondern schon tot, ohne Luft in der Lunge, in die Moldau geworfen wurde. Sein Tod mußte also in der Folterkammer oder beim Transport des Märtyrers durch die Prager Straßen von der Rittergasse Nr. 404 auf die Karlsbrücke eingetreten sein.« Professor Vlček schreibt in seinem tschechischen Buch »Jan z Pomoku«: »Die Ergebnisse der letzten Untersuchung von Nepomuks sterblichen Überresten im Jahr 1972 bestätigen die Ergebnisse der ersten zwei Exhumierungen und Unter-

Der Heilige Johannes von Nepomuk, der Brückenheilige, Prag 1993.

suchungen in den Jahren 1719 und 1725, vor allem die tödlichen Verletzungen seines Schädels und die zahlreichen Knochenbrüche.«

Nach Johannes von Nepomuks Tod verließ Johann von Jenstein, von Wenzel IV. immer wieder bedroht, fluchtartig Prag; er kam am 29. Juni 1393 in Rom an. Dort übergab der Prager Erzbischof dem Papst Bonifaz seine Anklage gegen den böhmischen und deutschen König Wenzel IV. In ihr schildert der Primas des böhmischen Königreiches auch die letzten Tage seines frommen und tapferen Generalvikars und bezeichnet Johannes von Nepomuk zum ersten Mal als einen »Martyr sanctus« – »einen heiligen Märtyrer«. Bohuslav Balbín, der tschechische Jesuit und Historiker, nahm Johannes von Nepomuk schon in der ersten Hälfte des 17. Jahrhunderts in seine »Acta sanctus« als Heiligen auf. Als 250 Jahre nach Johannes von Nepomuks Tod die Karlsbrücke ihren Figurenschmuck zu bekommen begann, dominierte dort, neben dem noch älteren Kruzifix, die Statue des noch gar nicht heiliggesprochenen, dennoch in ganz Europa verehrten und wie ein Heiliger angebeteten böhmischen Märtyrers.

Im November 1396 – Jan Hus hat in diesem Jahr sein Studium an der philosophischen Fakultät der Karls-Universität abgeschlossen – wurde Johannes von Nepomuks Leichnam aus der Kirche des »Größeren heiligen Kreuzes« in den St.-Veits-Dom auf der Burg der böhmischen Könige gebracht und in Sichtweite seines Folterers oder sogar Mörders, des Königs Wenzel IV., feierlich bestattet. Am 15. April 1719 wurde unter der Aufsicht des Prager Erzbischofs Ferdinand Graf Khünburg Johannes von Nepomuks Grab geöffnet. Doktor Johann Franz Löw von Erlsfeld, der Leibarzt des österreichischen Kaisers Leopold I., stellte fest, daß Johannes von Nepomuks Skelett unberührt und vollständig war. Als Dr. Sebastian Fuchs Nepomuks Schädel hob, fiel aus der

Schädelhöhle mit der trockenen Erde auch ein Stück rötlich gefärbten Gewebes.

In diesem Augenblick flüsterte jemand das Wort »Zunge«. Keiner zweifelte daran, daß es sich tatsächlich um die nach 326 Jahren erhaltene Zunge des schweigsamen Beichtvaters handle. Der überzeugendste Beweis für seinen Märtyrertod war gefunden; die Johannes-von-Nepomuk-Legende, die damals schon mehr als 300 Jahre existierte, schien bestätigt zu sein. Am 27. Januar 1725 wurde »die Zunge« noch einmal untersucht. Zwei Stunden wurde sie beobachtet; dabei wurde festgestellt, daß sie rot anlief. Der anwesende Anatom Linhart Ferdinand Meisner und alle Mitglieder der erzbischöflichen Kommission konnten sich das nicht anders als mit einem Wunder erklären.

»Was bei der Erhebung der Gebeine des Heiligen im Jahre 1725 nach dem gemeinsamen Urteil der anwesenden Ärzte für eine unverwest gebliebene Zunge gehalten wurde und seither zur wichtigsten Reliquie und zum Attribut des schweigsamen Schutzpatrons wurde«, schrieb Pater Angelus Waldstein im Frühling 1993, »stellte sich 1972 als die zusammengeschrumpft erhaltene Hirnsubstanz heraus, wie sie sich auch in anderen Totenschädeln manchmal findet. Der tschechische Volkswitz wußte darauf sofort einen Reim: Ging es seinerzeit um den drohenden Verlust der ›tschechischen Zunge‹, so ging es 1972 – mitten in der Phase der ›Normalisierung‹ nach dem Jahr 1968 – darum, den Verstand zu verlieren.«

Es fällt auf, daß Johannes von Nepomuk außer Maria, der Mutter Jesu, der einzige Heilige ist, der anstelle eines Heiligenscheins einen Sternenkranz ums Haupt trägt. Die böhmische Legende erklärt dies mit einem fromm-lyrischen Bild: Die im trüben Moldauwasser sich spiegelnden Sterne erleichtern die Entdeckung des im trüben Strom treibenden Leichnams.

Am 16. Mai 1993 wird Johannes von Nepomuk, diesmal aus dem trüben Gewässer der durch die böhmischen Atheisten immer wieder verdrehten Geschichte des Landes, zum zweitenmal gehoben: Zum erstenmal überhaupt wird in Prag, 600 Jahre nach Johannes von Nepomuks Märtyrertod, unter dem Ehrenvorsitz der Staatspräsidenten Havel und von Weizsäcker, eine Ausstellung über sein Leben und Wirken eröffnet. Die Idee und die Initiative zu der wichtigsten Ausstellung des Jahres 1993 in Prag kam von Johanna von Herzogenberg und vom Direktor des Bayerischen Nationalmuseums, Reinhold Baumstark. Finanziert wird die Prager Johannes-von-Nepomuk-Ausstellung vom Bonner Bundesministerium des Innern, von der Bayerischen Landesstiftung Ost und von der Bayerischen Bischofskonferenz. Zum erstenmal werden in Prag neun Bilder gezeigt, Darstellungen aus Johannes von Nepomuks Leben, die bei seiner Heiligsprechung durch Papst Benedikt XIII. am 19. März 1729 die Wände der Basilika San Giovanni in Laterano schmückten. Aus der Schatzkammer des Prager St.-Veits-Domes werden zwei Heiligenscheine aus dem 18. Jahrhundert gezeigt; der eine, aus Gold und mit Edelsteinen geschmückt, wurde dem Heiligen an Sonn- und Feiertagen angeschraubt, der zweite, der einfache, war für den Alltag bestimmt.

In der Prager Johannes-von-Nepomuk-Ausstellung geht es aber vor allem um die Richtigstellung einiger Verdrehungen aus dem 19. Jahrhundert, so um die immer wieder belebte Behauptung, Johannes von Nepomuk sei nichts als eine von den Jesuiten in der Zeit nach dem Dreißigjährigen Krieg und in der darauffolgenden Rekatholisierung des böhmischen Königreiches erfundene Gegenfigur zum bekämpften Prager Reformator Jan Hus, der 1415 in Konstanz als Ketzer auf dem Scheiterhaufen verbrannt wurde. Sogar die Gesichtszüge des Reformators, wurde behauptet, habe man 1340 oder

1345 – in dieser Zeit wurde der Grundstein zum St.-Veits-Dom gelegt, in dem Nepomuk seit 1736 unter der Last von einigen Zentnern Silber liegt – dem im südböhmischen Dorf Nepomuk geborenen Johannes Wölflin gegeben, um den Ketzer Jan Hus auszustechen. »Man muß aber nur die frühen Darstellungen des Jan Hus in Betracht ziehen, um zu erkennen«, schreibt Pater Angelus Waldstein in der Einführung zur Prager Johannes-von-Nepomuk-Ausstellung, »daß er zur Lebzeit stets mit einem bartlosen, runden Gesicht wiedergegeben ist, und eher umgekehrt selbst später die Züge eines bärtigen Nepomuks erhielt.«

Ende des 19. Jahrhunderts wurde der wehrlose Johannes von Nepomuk durch Masaryks und Jan Herbens »neue geistige Orientierung« des wiedererstandenen Volkes – weg von Österreich, weg von Rom, weg von nichtexistierenden Heiligen – in die große Politik gezerrt. Und immer wieder wurde Johannes von Nepomuk in der tschechischen Literatur, und vor allem in der Geschichte, als ein von den Jesuiten »gemachter Heiliger« und als ein Gegenspieler von Jan Hus hingestellt. Aber Nepomuks Legende, seine Verehrung, hat nicht nur den Ausbruch des patriotisch-tschechischen Antiklerikalismus im 19. Jahrhundert überlebt, sondern auch den halboffiziellen Atheismus in der ersten Republik zwischen 1918 und 1938 und den Marxismus-Leninismus nach 1948.

»Ich habe die ganze Literatur über Johannes von Nepomuk durchgelesen«, sagte Johanna von Herzogenberg, die schon Anfang der siebziger Jahre eine Nepomuk-Ausstellung in Bayern und in Österreich organisiert hatte, »aber ich habe in der katholischen Literatur nicht einmal einen Versuch gefunden, Johannes von Nepomuk, den guten und diskreten Beichtvater, gegen Jan Hus auszuspielen. Ob die Legende von dem schweigsamen Beichtvater eine Tatsache ist oder nicht, ist heute nicht mehr wichtig. Viel wichtiger sind ihre sechshundertjährige Wirkung und ihr Beispiel.«

Für den Generaldirektor des Bayerischen Nationalmuseums, Reinhold Baumstark, ist der Märtyrer, der amtliche Urkunden immer als »Johannes filius olim Welflini de Pomuk« unterzeichnete, als Symbolfigur eine geistige und geistliche, alle europäischen Völker verbindende Brücke. Der Abt des Prämonstratenserklosters in Prag-Strahov, Michal Josef Pojezdný, sagte: »Das Beste aus der tschechischen Geschichte, ich spreche vom Johannes von Nepomuk, wurde bei uns oft schlechtgemacht und verleumdet. Was für ein Wunder, daß wir Tschechen, ein kleines Volk, der Welt einen so großen Heiligen geben konnten.«

Johannes von Nepomuks Vater führte den gewiß nicht tschechischen Namen Wölflin. War Johannes von Nepomuk ein Deutscher oder ein Tscheche? Schwer zu entscheiden. Sicher ist aber: Der Märtyrer war und ist ein Böhme; seit sechs Jahrhunderten verbindet die Verehrung des böhmischen Brükkenheiligen die Tschechen mit den Deutschen und beide Völker mit der ganzen christlichen Welt.

(Mai 1993)

»Hier wohnte Lenin!« – Eine Erzählung aus der Fleischergasse in Prag

Der Beamte des Wohnungsamtes in Prag 1, Genosse Josef Kur, blinzelt die weinende Frau, die vor seinem Schreibtisch saß, an, seufzte schwer und dachte nach: Nein, dieser Frau kann ich die Wohnung in der Fleischergasse 10 nicht zuteilen ... Ist doch Mutter von drei Kindern, und das vierte wie ich sehe, ist auf dem Weg ... Der Mann ist Tramfahrer, fährt meistens Nachtschicht, er braucht seinen ruhigen Schlaf ...

»Genosse Kur«, heulte Frau Lida Nováková auf, »habt Erbarmen mit uns! Wir können doch nicht in diesem feuchten Loch in der Herrengasse leben, wir brauchen eine größere Wohnung! Schon drei Jahre liegt unser Antrag bei Ihrer Behörde ... Empfohlen von der Partei, Gewerkschaft und sogar von unserem Hausmeister!«

Lieber in die Sudeten

»Genossin Nováková«, seufzte Genosse Kur noch einmal, aber leise, »ich bin doch ein Mensch, aber die Wohnung in der Fleischergasse 10 ..., nein, dorthin kann ich Sie nicht schicken! Das könnte ich nicht verantworten.«

»Aber die Wohnung ist schon seit drei Monaten frei!« rief Frau Novakova aus.

»Sehen Sie, Genossin, das ist es eben!« flüsterte Genosse Kur, schloß die Augen und fuhr mit heiserer Stimme fort: »Wenn ich Ihnen sage, daß sich in der Wohnung Gespenster eingenistet haben, dann werden Sie es mir nicht glauben, oder...?«

»Nein«, antwortete Frau Nováková und ließ ihren schönen Mund weit offen. Nach einer Weile schluckte sie zweimal und sagte tapfer: »Als gute und überzeugte Marxistin glaube ich nicht an Gespenster! Ist doch Aberglaube! Auch wenn in dieser Wohnung der Henker Mydlář oder die weiße Jungfrau ohne Kopf von der Kleinseite spuken sollten, mir ist schon alles egal! Ich habe drei Kinder, das vierte ist auf dem Weg, der Alte fährt immer Nachtschicht...«

»Ich will Ihnen nicht Angst einjagen«, unterbrach Genosse Kur den Wortschwall und öffnete seine Augen, »aber in dieser Wohnung geschehen Dinge, mit denen der menschliche Verstand nicht fertig wird! Liebe Genossin, diese Wohnung habe ich in den vergangenen sechs Jahren an fünfzehn kinderreiche Familien zugeteilt, und nur die ganz harten hielten es dort mehr als einen Monat aus. Dann kamen sie, legten die Hausschlüssel hier auf den Schreibtisch und sagten: ›Wir ziehen lieber aus Prag... in die Sudeten...‹«

»Schrecklich«, flüsterte Genossin Lida Nováková.

»Ein glatzköpfiger Großvater«, fuhr Genosse Kur weiter, »wurde in dieser Wohnung verrückt, mußte in die Irrenanstalt eingeliefert werden, und dort spielt er schon das dritte Jahr den ermordeten Trotzki!«

»Jesus Maria!« stieß Genossin Nováková aus.

»Und ein Großmütterchen, das nach Prag gekommen ist, um die Enkelkinder zu sehen, erkannte sie nach drei Tagen nicht mehr, lief aus dem Haus auf die Straße und begann die Leute zu überzeugen, sie sei Nadjeschda Krupskaja, Lenins Frau... Und ein Arzt, der dort auch eine Zeitlang wohnte, schlief lieber im Krankenhaus auf dem Operationstisch oder in der Leichenhalle. Er behauptete, dort hätte er mehr Ruhe gehabt. Und der Altbolschewik Kremla hat sich nach drei Wochen in der Wohnung für einen Rechtsopportunisten erklärt. Er wurde dann in der Kneipe ›Zum Händler‹ in der Stephangasse verhaftet, weil er schon nach dem dritten Bier die Sowjetunion beschimpfte, wozu er sonst erst nach dem zehnten Mut hatte. Und der verzweifelte Klempner Hanak, ein junger Mann, hat sich nach 14 Tagen in der Wohnung freiwillig für die Kommunistische Partei gemeldet. Er hoffte eine andere Wohnung zu bekommen. Jetzt sitzt er im Gefängnis …«

»Was hat er getan?«

»Nach einer Woche ist er wieder aus der Partei raus, hat die Familie zusammengepackt und weg war er. Man hat ihn erst nach einer Woche in einer Waldhütte in Nordböhmen gefunden. Als ihn die Miliz verhaftete, sagte er: ›Ja, Genossen, ich gestehe, ich habe das Kapital geschrieben …!‹ Die Kinder finden in dieser Wohnung keine Ruh', nach einer Woche leidet dort jeder an schweren Neurosen, ganz anständige Abstinenzler, die sonst am Tage nie mehr als neun Bierchen getrunken haben, verwandeln sich dort in überraschend kurzer Zeit zu schweren Alkoholikern! Genossin, ich warne Sie!«

»Ich habe einen Onkel in Gablonz«, flüsterte Genossin Nováková, »er ist Pfarrer, dem werd' ich schreiben …, vielleicht hilft das heilige Wasser!«

Da hilft kein Wunder

»Da hilft nichts«, sagte Genosse Kur traurig, »da gibt es kein Wunder mehr … Wenn Sie einziehen, wird Ihre Familie zerfallen, dagegen können Sie nichts unternehmen … Ihr Alter wird ganz bestimmt anfangen zu saufen und bei fremden Weibern schlafen, genauso wie der politisch und moralisch einwandfreie Genosse Olda Petr, ein Angestellter der Städtischen Kanalisation. Nach zehn Tagen in der Fleischergasse wollte er zum Arbeitsschluß gar nicht aus dem Kanal heraus, man mußte ihn mit Gewalt herausziehen. Auf dem Heimweg haute er in der Kneipe ›Zum alten Bock‹ sechs große Rum in sich rein. Das gab ihm Mut. Und als er nach Hause kam, sagte er zu seiner Frau: ›Liebe Marie, dreißig Jahre war ich dir ein ergebener und treuer Mann..., abgesehen vom Fall mit der Urbásková, aber das liegt ja schon zehn Jahre zurück... Aber jetzt, meine Geliebte, werd' ich besser bei einer Bekannten in Kosire übernachten. In dieser Wohnung wirst du mich nicht mehr sehen! Leb Wohl!‹ Genossin Nováková«, hob Genosse Kur seine Stimme, »wenn ich Ihnen erzählen sollte, was alles in der Wohnung geschah..., ganze Romane müßte ich schreiben!«

Komsomolzen aus Sibirien

»Aber ich nehme die Wohnung trotzdem«, sagte Genossin Novakova fest, »mir bleibt nichts anderes übrig!«
»Ich sehe, Genossin«, seufzte der Beamte zum drittenmal, »Sie sind eine entschlossene Frau, tapfer sind Sie auch, ich darf Ihnen also auch in Ihrem Zustand die volle Wahrheit sagen!«
»Raus damit, Genosse«, sagte Nováková fest entschlossen.
»Genossin Lida Nováková«, sagte der Beamte mit einer feierlichen Stimme, »in der Wohnung in der Fleischergasse Nummer 10 wohnte vor dem Ersten Weltkrieg Genosse Wladimir Iljitsch Lenin!«
»Mir ist es egal«, sagte Nováková, »ich will die Wohnung und basta!«
»Wie Sie meinen«, fuhr der Beamte fort, »aber ich muß Ihnen alles erklären, damit Sie nicht schon zehn Tage, nachdem Sie eingezogen sind, wieder hierher kommen und heulen... Das

ist die einzige leere Wohnung in ganz Prag 1, das wissen Sie genau so gut wie ich, aber Sie wissen nicht, daß in dieser Wohnung den ganzen Tag und bis spät in die Nacht Delegationen von russischen Touristen rein und raus marschieren... Schriftsteller, Fußballspieler, ganze Eishockeymannschaften, alte Mitglieder der Partei, Boxer, Akademiker, Komsomolzen...
Der Großvater Brousek, der jetzt in der Anstalt den ermordeten Trotzki spielt, ähnelt ein bißchen Lenin. Einmal schlief er auf dem Sofa ein, und als er aufwachte, war er in Blumen und Kränzen eingebettet. Rund um ihn herum standen schiefäugige Komsomolzen aus Sibirien und weinten. ›Ich bin tot‹, schrie der Großvater auf, ›und noch dazu Trotzki‹...

Die Fleischergasse in Prag, Erinnerung an vergangene Zeiten.

Ein Fotograf aus Moskau kroch einmal unter das Sofa, er wollte die Atmosphäre der Wohnung, in welcher Lenin ganze sieben Tage verbrachte, ganz und voll erleben und einatmen. Er schlief aber ein und erwachte erst gegen Mitternacht, gerade im Augenblick, als der älteste Sohn des Mieters oben auf dem Sofa sein Bestes mit einer Freundin trieb. Der Fotograf aus Moskau kroch heraus und begann fürchterlich zu schimpfen, das sei eine Schändung des heiligen Ortes der Revolution und Sie können sich, Genossin, vorstellen, was für Schwierigkeiten der Junge und das Mädchen daraus bekamen… Haben Sie, Genossin Nováková, erwachsene Kinder?«

Das gerettete Familienglück

»Der Bub wird sechzehn…«
»Ach ja«, senkte der Beamte seinen Kopf und begann wieder zu flüstern: »Die Jungpioniere aus ganz Prag kommen in die Wohnung mit Fanfaren einmarschiert, um hier die ewige Treue der Revolution zu schwören… Die Studenten der Parteischule meditieren dort ganze Tage und Nächte darüber, was Lenin sagte, wie er das gemeint hatte und was er wieder nicht sagte, dreimal in der Woche treffen sich da Altkommunisten und erzählen über alte Zeiten… Manchmal, wenn es schönes Wetter ist, kommen auch an die fünfzig… Und auf dem Haus hat man vor einiger Zeit eine Tafel angebracht: Hier wohnte Lenin!«
Genosse Josef Kur wischte den Schweiß von seiner Stirn. Mit schwerem Blick betrachtete er Genossin Lida Nováková.
Tränen standen in ihren Augen. Sie erhob sich, aber mußte sich an der Tischkante festhalten. »Das darf doch nicht wahr sein«, bebten ihre schönen Lippen, »nein, das darf doch nicht wahr sein.«

»Soll ich Ihnen ein Glas Wasser reichen?« fragte Genosse Kur. »Nein«, antwortete Genossin Nováková und taumelte unsicher zur Tür. Dort blieb sie stehen und sagte mit gebrochener Stimme: »Ich danke Ihnen, Genosse, ich will die Wohnung nicht... Nein, das könnte ich vor der Familie nicht verantworten...«

Genosse Josef Kur senkte den Kopf. Er hatte den ganzen Tag über das schöne und erhabene Gefühl, ein bescheidenes Familienglück gerettet zu haben.

(April 1976)

Weltrekord im Hochweitsprung – Die Fluchtversuche des Josef Kedlub

Ich beantrage hiermit eine offizielle Eintragung in das Buch der Weltrekorde: Am 17. Oktober 1975 um 0.31 Uhr ist Josef Kedlub mit einem selbstangefertigten Stab aus Leichtmetall 5,90 Meter hoch gesprungen, wobei es ihm gelang, eine Entfernung von 17,07 Metern zu überwinden. Diese Angaben sind von zwei glaubwürdigen offiziellen Stellen bestätigt, erstens von der tschechoslowakischen Grenzpolizei des Bezirkes Nikolsburg, die den Rekordspringer gleich nach seinem geglückten Versuch verhaftete, zweitens vom Kreisgericht in Znaim, welches aufgrund von Geländeskizzen und Fotodokumentation dem Springer für seine hervorragende Leistung drei Jahre schweren Kerker zuerkannte.

Zur Vorgeschichte der einmaligen sportlichen Leistung ist zu sagen: Vor seinem Rekordsprung, mit dem sich Josef Kedlub in die Freiheit schleudern wollte, hatte er schon fünfmal versucht, die Tschechoslowakei illegal zu verlassen. Das erstemal ließ sich Josef Kedlub im mährischen Gemüseanbaugebiet in einem auf einem Nebengeleis abgestellten Waggon mit Blaukraut zuschütten, das für den Export bestimmt war. Es wurden damals zwei Waggons für den Export beladen; Kedlub erwischte den falschen. Nach drei Tagen Fahrt, als der mit Blaukraut aus Mähren beladene Waggon auf einem Güterbahnhof abgestellt wurde, hörte Josef Kedlub deutsche Stimmen und schrie laut: »Es lebe der freie Westen!« Bald leuchtete ihm auf, wie schrecklich er sich geirrt hatte. In der DDR verbrachte er zwei Jahre im Gefängnis; leider bekam er nicht die Gelegenheit, Deutsch zu lernen. Oder wenigstens die Unterschiede zwischen dem Sächsischen und dem anderen Deutsch zu erkennen.

Dies wurde ihm in Budapest bei seinem zweiten Versuch, die Tschechoslowakei zu verlassen, zum Verhängnis. Im Budapester Thermalbad hielt Kedlub Ausschau nach deutschsprechenden Touristen, denn er hatte es auf einen westdeutschen Reisepaß abgesehen, mit dem er über Jugoslawien den Westen erreichen wollte. Der deutschen Sprache nicht mächtig, stahl Josef Kedlub aus einer Badetasche, die er irrtümlicherweise für westliches Eigentum hielt, einen Reisepaß; er fuhr dann gleich zur ungarisch-jugoslawischen Grenze und erlebte dort seine nächste grausame Enttäuschung: Der Paß, den er ungarischen Grenzpolizisten vorzeigte, war in Ost-Berlin ausgestellt. Die zwei Jahre im Gefängnis in Preßburg verbrachte Josef Kedlub damit, daß er Deutsch lernte.

Kaum aus dem Gefängnis zurück; wartete er auf Hochwasser. Als der mährische Fluß Morava aus den Ufern trat, sprang er zehn Kilometer vor der Staatsgrenze ins trübe Wasser und ließ sich vom Strom in die rettende Donau tragen. Der starke Strom schwemmte ihn jedoch gegen Mitternacht unter einen mächtigen Baum, in dessen Krone sich der erschöpfte Schwimmer ein wenig erholen und wärmen wollte. In der Finsternis konnte er nicht sehen, daß die Baumkrone im überschwemmten Gebiet bereits von drei tschechoslowakischen Grenzsoldaten besetzt war, die von dort nach Feinden Ausschau hielten. Josef Kedlub hatte dann sechzehn Monate Zeit, sich von den nächtlichen Strapazen im kalten Wasser der Morava zu erholen, und zwar im Gefängnis der Stadt Brünn.

Zum vierten Mal versuchte es Josef Kedlub über Polen. Zwei

Jahre lang beobachtete er fremde Schiffe im Hafen von Danzig, er wollte nachts einen schwedischen Frachter anschwimmen. Am Abend dampften jedoch die Schweden in Richtung Stockholm ab, und an derselben Stelle warf kurz nach zehn ein sowjetischer Frachter die Anker. Um Mitternacht war Kedlub schon an Bord versteckt. Nach drei Tagen kroch er aus seinem Versteck, und da er vorher weder Stockholm noch Leningrad gesehen hatte, glaubte er in der Freiheit, in Stockholm zu sein. Zwei Jahre lang blieb sodann Josef Kedlub als unfreiwilliger Gast in der Sowjetunion im Gefängnis bei Zarskoje Sjelo.

Nicht zu vergessen ist auch sein Fluchtversuch im Jahr 1968, in der Zeit des Prager Frühlings. Damals steckte ihn die Justiz nicht wegen Republikflucht, sondern wegen Tierquälerei für zwei Monate ins Gefängnis der Stadt Budweis. Im Juni 1968 hatte Josef versucht, auf allen vieren an einer Baracke der tschechoslowakischen Grenzsoldaten vorbeizukriechen. Unter dem Leuchter, sagte er zu sich, ist es immer finster. Und tatsächlich, es war so finster, daß er direkt in den Hundezwinger hineinkroch. Der Richter, vor dem sich Josef Kedlub dann zu verantworten hatte, gab ihm nur zwei Monate. Interessant war die Urteilsverkündung des klugen Mannes im Talar: »Also, wegen versuchter Republikflucht werde ich Sie jetzt nicht ins Loch stecken, sondern wegen Tierquälerei.« Es war nämlich so: Als Josef in den Hundezwinger gekrochen kam, bellten die Tiere und stürzten sich auf den mutmaßlichen Flüchtling, denn darauf waren sie dressiert. Josef hatte einen Knüppel in der Hand, er zerschmetterte fünf Hunden sechs Vorderläufe und biß einem jungen Schäferhund fast die Kehle durch.

Der letzte Fluchtversuch brachte Josef Kedlub zwar einen unbestreitbaren Weltrekord im Stabhochweitsprung ein, aber sonst nur Pech. Der Stabhochspringer landete auf dem

Dach eines Grenzstreifenwagens, der mit abgeschaltetem Licht hinter dem Stacheldraht stand. Der Springer hatte mit der Wucht des Aufschlages nach einem 5,90 Meter hohen und 17,07 Meter langen Sprung das Zeltdach des Fahrzeuges durchrissen und landete im Schoß des Kommandanten der mobilen Streife, Oberleutnant Antonín Hrdlička.
1981 aus dem Gefängnis entlassen, erforschte Josef Kedlub die Kanalisation der Stadt Asch und dachte daran, sich unter der Grenze bis nach Selb durchzuschaufeln. Dann versteckte er sich zwischen Holz, das tschechoslowakische Lastwagen nach Bayern fahren sollten, doch wieder wurde nichts aus der Flucht. Der Laster kippte noch auf tschechischem Gebiet auf vereister Landstraße um. Josef Kedlub brach sich die linke Hand, konnte sich jedoch unbemerkt von der Unfallstelle entfernen, dann, krankgeschrieben, über weitere Fluchtmöglichkeiten nachdenken.
Der Versuch kurz vor Weihnachten 1981 gelang. Nach vierzehn Jahren, von denen Josef Kedlub acht im Gefängnis verbracht hatte, betrat er endlich das Hoheitsgebiet eines freien Staates. Wie er das schaffte, soll ein Geheimnis bleiben.

(April 1982)

»Die grossen Zeiten sind eben aus und vorbei« – Geschichten aus dem westböhmischen Bäderdreieck

Die Geschichte verhält sich häufig sehr mies: Sie verschweigt ihre Vergangenheit, für die sie sich schämt, sie mißachtet unsere Wünsche und auch unsere Gebete, sie geht an uns, hochnäsig und arrogant, wie sie eben ist, vorbei, oder sie überfällt uns aus dem Hinterhalt und löscht mit einem Schlag alle unsere Hoffnungen aus. Die große Geschichte ist ab und zu nur die Geschichte ihrer auf Wunsch oder Befehl der Mächtigen dieser Welt verdrehten, verfälschten oder gelogenen Interpretationen.

Und das ist auch der Fall bei den westböhmischen Bädern. Vor dem Zweiten Weltkrieg gab es in Westböhmen sechs weltberühmte Bäder, das westböhmische Bädersechseck mit Karlsbad, Marienbad, Franzensbad, Teplitz-Schönau, Joachimsthal und Königswart. Heute sind es nur drei. Die tschechische Literatur spricht und schreibt, und die deutsche wiederholt es, vom »böhmischen Bäderdreieck«. Drei Kurorte und Bäder gingen nach dem Zweiten Weltkrieg, nach der Vertreibung der Deutschen aus Böhmen, die im weltberühmten Bädersechseck bis 1945 mehr als 90 Prozent der Bevölkerung ausmachten, und nach 40 Jahren Sozialismus sowjetischer Machart verloren. Die zeitgenössische Geschichte der vergessenen drei Kurorte und Bäder in Westböhmen ist so traurig, daß sie lieber verschwiegen wird. Ihre vergangene Geschichte als Kurorte voll von

Glanz, Reichtum und Eleganz ist ein für allemal abgeschlossen.
Wer weiß heute schon etwas über Teplitz-Schönau, bis 1939 ein eleganter Kurort, in dem seit acht Jahrhunderten das 35° bis 46° warme alkalisch-salinische Quellwasser den Menschen Gesundheit und Erholung brachte? Im 19. Jahrhundert, in der noblen Blütezeit des eleganten Kurortes unter dem Erzgebirge verkehrte hier die Creme der damaligen Gesellschaft: Hier trafen sich Zaren mit Kaisern und Königen, in aller Diskretion frühstückten hier Kanzler vom Format eines Bismarck mit russischen und englischen Ministern, hier verkehrte der Hochadel und Politiker, damals berühmt heute vergessen. Bankiers aus Wien, aus Berlin und aus Paris, natürlich auch die Pariser und Wiener Rothschilds, erholten sich in Teplitz-Schönau und gaben ihren Gattinnen die Chance, ihre neuesten Juwelen dem Rest der neidischen Welt vorzuführen. Berühmte Künstler, Musiker und Dichter wie Franz Liszt, Frederic Chopin, Anton Dvořák, Richard Wagner – und natürlich Goethe – mußten sich ab und zu in Teplitz-Schönau sehen lassen, denn wer nicht in Teplitz-Schönau gesehen wurde, den hatte die Gesellschaft bald übersehen und vergessen. In der Literatur ist nachzulesen, daß manche Berühmtheiten des 19. Jahrhunderts in Teplitz-Schönau sogar ihre Gicht, damals eine Modekrankheit der oberen Zehntausend, geheilt haben. Böse Zungen behaupten aber, daß für viele Herrn aus den feinsten Kreisen ihre vermeintliche Gicht nur ein Vorwand war, um im berühmten Casino oder in der Gesellschaft von lebensfrohen Damen aus den adeligen und besseren Kreisen der St. Petersburger und Warschauer Gesellschaft die Saison in Teplitz-Schönau verbringen zu können. Das Heilwasser spielte in Teplitz-Schönau nur eine Nebenrolle.
Den ersten Schicksalsschlag hat Teplitz-Schönau überlebt:

Am 10. Februar 1879 verschwanden infolge einer Grubenkatastrophe im nahen Osek die Quellen. Aber schon am 3. März floß das heilende Wasser wieder, diesmal künstlich zurückgeführt.
Den zweiten Schlag, die Vertreibung auch der Deutschen aus Teplitz-Schönau im Jahr 1945 und die sogenannte stürmische Entwicklung zum Sozialismus nach der kommunistischen Machtübernahme in der Tschechoslowakei im Jahr 1948 überlebte der einst noble Kurort nicht mehr. Teplitz-Schönau ist heute eine Stadtruine mitten in einer rücksichtslos ökologisch vernichteten Landschaft. Zahlreiche Braunkohlengruben, die vier oder fünf Kraftwerke mit der minderwertigen Braunkohle beheizen, und chemische Fabriken, die in der Umgebung von Teplitz-Schönau seit 1948 rücksichtslos gebaut wurden, haben die Stadt und den Kurort ein für allemal kaputt gemacht.
Teplitz-Schönau, noch vor dem Zweiten Weltkrieg eine Gartenlandschaft, gehört heute in der Tschechischen Republik zu den drei Städten mit der höchsten Zahl von Mißgeburten, totgeborenen Säuglingen und Kindern, die in den ersten sechs Monaten sterben. Die Lebenserwartung der Bewohner von Teplitz-Schönau ist heute – Statistiker haben es ausgerechnet – um sieben bis acht Jahre niedriger als sonst in der Tschechischen Republik. Es gibt in Europa keine Landschaft, die nach dem Zweiten Weltkrieg so grausam ausgebeutet und in drei Jahrzehnten so vernichtet wurde, wie die Umgebung von Teplitz-Schönau und das ganze durch giftige Abgase chemisch verseuchte Eger-Tal von der Stadt Eger über Brüx und Teplitz-Schönau bis nach Aussig an der Elbe.
Teplitz-Schönau ist nach 800 Jahren am Ende seiner einst so ruhmreichen Geschichte. Die hat heute noch keine Zukunft. Die Zukunft, genauer gesagt irgendeine Zukunft, wird in Te-

plitz-Schönau gesucht. In einem Punkt sind sich die Stadtväter einig: Als Kurort hat Teplitz-Schönau, eine von den durch Gift und Abgase am meisten verschmutzten Städte Europas, keine Chance mehr.

Auch Joachimsthal im Erzgebirge hat das Schicksal mehrmals böse ereilt. Im späten Mittelalter war es durch Silber reich und berühmt geworden. Hier wurde der Joachimsthaler geprägt, der später dem amerikanischen Dollar den Namen gab und versank, als das Silbervorkommen im 17. Jahrhundert ausgeschöpft war, in Armut und Bedeutungslosigkeit. Seine zweite Glanzzeit erlebte Joachimsthal Anfang des 20. Jahrhunderts, als hier Marie Curie-Sklodowska, die erste Professorin für Physik an der Pariser Sorbonne, 1903 Nobelpreisträgerin, Polonium und Radium entdeckte.
Bis 1948 gab es an den Joachimsthaler Radiumquellen ein elegantes Kurhaus. In die Geschichte des seit Anfang des 16. Jahrhunderts von Deutschen bewohnten Joachimsthal griff mit verheerenden Folgen für den Ort die Erfindung der Atombombe und der »große Bruder« im Osten, ein.
Im Jahr 1948, drei Jahre nach dem Zweiten Weltkrieg, erklärten die Sowjets, ohne die tschechoslowakische Regierung überhaupt gefragt zu haben, die Joachimsthaler Uranbergwerke für sowjetisches Eigentum, das ihnen die Prager kommunistische Regierung für die Befreiung der Tschechoslowakei durch die Rote Armee im Jahr 1945 geschenkt haben sollte.
Joachimsthal wurde noch strenger als ein militärisches Sperrgebiet von der Außenwelt abgeriegelt. Den Namen Joachimsthal wagte in den fünfziger Jahren kein Tscheche laut auszusprechen. Das Joachimsthaler Kurhotel und zwei von den größten Hotels mit einst internationalem Ruf im einige Kilometer entfernt gelegenen Karlsbad wurden von sowjeti-

schen Fachleuten besetzt, die aus Moskau kamen, um die tschechischen Uranvorkommen zu plündern. Die tschechoslowakische Regierung durfte in Joachimsthal und in der Umgebung nur sechs Straflager für moderne Sklaven errichten und sie mehr als zehn Jahre lang mit den billigsten Arbeitskräften füllen, und zwar mit politischen Häftlingen. In den Jahren von 1949 bis Anfang der sechziger Jahre, als das Uranvorkommen ausgeschöpft und in die Sowjetunion gebracht wurde, arbeiteten für die Sowjets in sechs Straflagern in der Nähe von Joachimsthal an die 35000 bis 40000 politische Gefangene, die geistige Elite des tschechischen Volkes...

Ein ehemaliger politischer Häftling, der acht Jahre lang unter unvorstellbaren Bedingungen für die Sowjets Uran fördern mußte, erinnert sich:

»Es war makaber. Damals, Anfang der fünfziger Jahre, als ich in Joachimsthal mit bloßen Händen für die Sowjets Uran fördern mußte, versuchte Karlsbad an seine glanzvolle Zeit anzuknüpfen und organisierte jeden Sommer ein Internationales Filmfestival. Bei klaren Wetter sahen wir von oberen Ende unseres Straflagers, das den Namen Svornost, deutsch Eintracht, trug, unten in Karlsbad die feierliche Beleuchtung des Kurortes. Bei klarem Wetter mußten auch die Filmstars, Journalisten und Berühmtheiten aus der ganzen Welt, die Lichterkette rund um den elektrisch geladenen Stacheldraht unseres Straflagers und die Scheinwerfer auf den sechs Wachtürmen hoch oben auf dem Bergkamm des Erzgebirges gesehen haben. Erst später habe ich erfahren: Die Filmstars und die westlichen Gäste des Karlsbader Filmfestivals haben die Lichter des Straflagers Svornost tatsächlich in der Nacht aus den Fenstern in den oberen Stockwerken des noblen Hotels Pupp gesehen. Nach unserem Schicksal hat aber kein einziger von den damals fortschrittlichen Filmemachern, die

sich in der Fiorentia-Bar des Hotels Pupp auf Staatskosten vollaufen lassen konnten, nie gefragt.«
Heute versucht Joachimsthal an seine ruhmreiche, allerdings verlorene Vergangenheit anzuknüpfen und die Spuren der Jahre zwischen 1948 bis 1958 zu überwinden, als hier nach dem Zweiten Weltkrieg und nach Hitlers Konzentrationslagern die größten Straflager für politische Häftlinge und moderne Sklaven in Westeuropa gebaut wurden.
Der Förderturm der Urangrube Svornost, das charakteristische Wahrzeichen von Joachimsthal, heute unter Denkmalschutz, wird erneuert. Die ganze Urangrube wird renoviert; noch in diesem Jahr soll das radioaktive Heilwasser aus der Tiefe von 500 Metern in das Kurhaus gepumpt werden. Ob das radioaktive Wasser und das Kurhaus, heute im Besitz der »Joachimsthaler AG«, eine Zukunft haben, ist unsicher. Die grausame Vergangenheit lastet zu sehr auf der mittelalterlichen Stadt im Erzgebirge: Überall findet man die Reste und Ruinen von Straflagern aus der Zeit, als hier die Russen Uran plünderten.

Bad Königswart liegt in einer herrlichen, gesunden, gegen Süden geöffneten Landschaft zwischen Eger und Marienbad. Hier, in Königswart, waren bis 1945 die Metternichs zu Hause. Und das Bad oberhalb des Schlosses wurde auch von der Familie Metternich gebaut und gepflegt. In Bad Königswart findet man aber kein Gästebuch mit berühmten Namen, was nicht bedeuten soll, daß die große Welt den südlichen Rand des Königswaldes gemieden hätte. Kaiser und Könige und der Hochadel, wenn sie nach Königswart kamen, waren Metternichs Gäste in seinem großen Schloß. Das Bad Königswart selbst war eher auf kleine oder kleinere, nicht reiche Leute eingestellt und eingerichtet. Aber man kam gut mit der Herrschaft unten im Schloß aus; zu feierlichen Anlässen ließen die Metternichs sogar die Tore ihres einst weltberühmten Gartens auch für das gewöhnliche Volk öffnen. Heute ist der Garten, im 18. Jahrhundert nach dem Muster eines englischen Parks angelegt, zwar verwildert, aber die wertvollen Bäume haben die vergangenen 50 Jahre ziemlich gut überlebt.

Das Metternich-Schloß ist eine Halbruine. Eine private Baufirma versucht jetzt das Schloß zu renovieren. Die Baustelle ist aber schon seit zwei Monaten wieder verlassen. Ein alter Herr, der sich als der ehemalige »Stallbursche des Fürsten Metternich« vorstellt, sagt: »Wenn es nach mir ginge, würde ich die Metternichs, die wir 1945 aus Königswart vertrieben haben, mit sanfter Gewalt zurückholen. Denn nur die Metternichs haben das Geld, um das Schloß wieder in Ordnung zu bringen. Heute versucht es ein neureicher Banker aus Prag, aber es geht ihm, wie Sie sehen, die Puste aus.«

Horst Bienek, der deutsche Erzähler aus Schlesien, gestorben 1990 in München, hat über Schloß Königswart und über die allerletzte Geschichte und über den allerletzten Auftritt der Metternichs in der böhmischen Geschichte im April 1945 einen Roman geschrieben. Mit Bieneks Roman ist die Geschichte von Königswart abgeschlossen. Natürlich hat Bad Königswart nach 1945 eine Gegenwart, nach ihr eine Vergangenheit und auch eine Zukunft gehabt, aber man spürt im Ort, daß hier etwas Wesentliches fehlt; wahrscheinlich sind es Wurzeln, die Bad Königswart mit der Vergangenheit vor dem Zweiten Weltkrieg verbinden könnten, und es sind bestimmt auch Menschen, die hier zwar nach 1945 ein Zuhause gefunden haben, nicht aber eine neue Heimat. Für sie ist Schloß Königswart und auch Bad Königswart ohne Geschichte, genauer gesagt, für sie begann die Geschichte erst 1945.

Johann Wolfgang von Goethe mit Ulrike in Marienbad, ein Geschenk der ehemaligen DDR, das die Marienbader nicht mögen.

Ein Dichter aus Pilsen hat sich im Tal des Tepl-Flusses, in der bezaubernden Landschaft zwischen Karlsbad und Marienbad, ein Haus gebaut. Bei der feierlichen Eröffnung des Hauses im Herbst 1994 wurde links vom Eingang eine Tafel, aus Bronze gegossen, enthüllt, auf der geschrieben steht:
»In diesem Haus hat Johann Wolfgang von Goethe nie gewohnt, nie übernachtet, er blieb hier nie stehen, ja er trank in diesem Haus niemals nur eine einzige Tasse Kaffee oder Tee.«
Johann Wolfgangs Spuren im böhmischen Badedreieck, genauer gesagt im Bädersechseck, sind zahlreich und heute noch überall an den alten Wegen, die aus Weimar nach Karlsbad, nach Teplitz-Schönau und nach Marienbad führen, zu erkennen. An den uralten Kutschenwegen, heute ausgebauten Landstraßen zwischen den Grenzübergängen nach Böhmen in Asch, Graslitz und Zinnwald und dem ehemaligen böhmischen Bädersechseck keine Kneipe oder Gasthaus, in dem Goethe nicht übernachtet oder wenigstens stehen geblieben war, um sich auszuruhen. Der Direktor des Karlsbader Museums Dr. Kvetoslav Kroca hat allein in Westböhmen 326 Gedenktafeln an Johann Wolfgang von Goethe und 18 Statuen des Geheimrates aus Weimar gezählt und dokumentiert.
»Es ist heute nicht mehr möglich nachzuweisen, ob Goethe tatsächlich in jedem Haus, das heute eine Gedenktafel an den großen Dichter trägt, übernachtete oder ob er sich überall, wo sein Antlitz im Bronze gegossen hängt, wenigstens aufgehalten hat«, erzählt Dr. Kroca. »Im 19. Jahrhundert, als der deutsche Nationalismus in Westböhmen ganz stark war, haben viele deutsche Gasthaus- und Hotelbesitzer – und das ist mein Verdacht – an ihren Häusern eine, meistens sehr teure, Gedenktafel an Goethe angebracht, um nachträglich ein wenig vom Glanz und Gloria des tatsächlich großen Dichters

und Denkers abzukriegen. Und Goethe über dem Tor, das war erstens eine wirksame Reklame und zweitens – und auch in dieser Hinsicht ist Goethe vollkommen unschuldig – ein öffentliches Bekenntnis zum patriotischen Deutschtum.«
Mit 36 Jahren machte Goethe seine erste Kur in Karlsbad und mit 74 ist er das letzte Mal in Böhmen gewesen. Insgesamt unternahm Goethe 16 Badereisen nach Karlsbad, nach Teplitz-Schönau und nach Marienbad von zwei bis drei Monaten Dauer. Goethes Karlsbader, Teplitzer und Marienbader Geschichten mit Frauen, mit Literatur, mit seinen Geliebten und mit seiner Dichtung sind bekannt und werden immer wieder neu beschrieben und neu interpretiert, so daß heute die Grenzen zwischen Wahrheit und Dichtung, soweit sie Goethes Aufenthalte im böhmischen Bädersechseck betreffen, nicht mehr deutlich zu erkennen sind. Aber ohne Johann Wolfgang von Goethe, ohne Legenden über ihn, ohne die viele köstlich gelogene lyrische Dichtung über den Geheimrat in Karlsbad, über seine große und letzte Liebe in Marienbad, wäre heute das auf drei Bäder zusammengeschrupfte ehemalige westböhmische Bädereck viel ärmer. Goethe ist im westböhmischen Bäderdreieck immer anwesend, und immer wieder werden über den Geheimrat aus Weimar neue Geschichten erfunden, erzählt, geschrieben und publiziert.
Der östlichste oder westlichste, der erste oder der letzte Johann Wolfgang von Goethe in der Tschechischen Republik – es kommt auf den Standpunkt des Betrachters an oder ob man Böhmen verläßt oder ins Land einreist – steht seit dem 100. Todestag des Geheimrates in Asch. Das Werk von Josef Watzal ist wohl das schönste Goethe-Denkmal in Böhmen. Nur zwei deutsche, Goethe und Ludwig van Beethoven, wurden nach 1945 von ihren Sockeln nicht gestürzt. Friedrich Schiller, Richard Wagner, »Turnvater« Jahn, Friedrich Nietz-

sche, ja sogar Walther von der Vogelweide und viele andere Deutsche, berühmte Kurgäste im böhmischen Bädersechseck, verschwanden nach 1945 aus den Stadtbildern der westböhmischen Badeorte.

Aber Goethe in Asch, Goethe in Franzensbad, Goethe in Haslau, Goethe bei Schloß Hartenberg, Goethe auf der Burg Hassenstein, Goethe am Kammerbühl und weitere zwölf Goethes, in Stein gemeißelt oder in Bronze gegossen, überlebten im westböhmischen Bädereck auch solche Größen wie Stalin, Lenin und den ersten proletarischen Staatspräsidenten der Tschechoslowakei Klement Gottwald, die in den westböhmischen Bädern schon längst vom Sockel heruntergeholt und eingeschmolzen wurden. Ja sogar der erste Kosmonaut Jurij Gagarin, der noch vor drei Jahren in voller Ausrüstung vor der Sprudelkolonade in Karlsbad stand und Richtung Halbruine des einst köstlichen Karlsbader Kurtheaters starrte, ging in den Schmelzofen.

Über Goethes Schicksal in Asch war offiziell nichts zu erfahren, nur die Tatsache, daß er »nach 1945 dort stehen bleiben durfte«. Imre, ein ehrwürdiger Roma, der die Welt kennt, weiß zwar nichts über Goethes literarischen Ruhm, kennt jedoch die wunderbare Geschichte von Goethes Rettung:

»In den fünfziger Jahren wollten Prager Roma den schönen Marmor, auf dem der Deutsche steht, nachts klauen und an einen Prager Steinmetz verhökern, der den wertvollen Stein für das Grabmal des verstorbenen tschechischen Dichters Vítězslav Nezval unbedingt haben wollte. Aber wir, die Roma aus Asch, haben diesen Diebstahl nicht zugelassen, es ging ja auch schließlich um unseren guten Ruf in der Stadt.«

»Und diese Geschichte soll ich Ihnen glauben?« fragte ich.

»Überhaupt nicht«, erwiderte Imre, »aber eine bessere Geschichte über Goethe in Asch bekommen Sie nicht mehr zu hören.«

Ein sonderbares Schicksal widerfuhr der Goethe-Statue in Marienbad: Im Herbst 1993, nach 170 Jahren, kehrte Johann Wolfgang von Goethe nach Marienbad, in einen Kurort, zurück, aus dem er – es klingt absurd, ist aber wahr – im Jahr 1943 von seinen deutschen Landsleuten vertrieben worden war. Damals, im vorletzten Kriegsjahr, wurde nämlich Goethes Bronzestatue vor dem Goethe-Haus vom Sockel geholt und als Rohstoff für Kanonenmunition eingeschmolzen. Das neue Denkmal des Geheimrates aus Weimar, das seit einem Jahr wieder vor dem Goethe-Haus, heute Stadtmuseum, steht, wurde von dem tschechischen Künstler Vítězslav Eibl geschaffen und mit Spenden der aus Marienbad im Jahr 1945 vertriebenen Deutschen bezahlt. Vertriebene finanzierten die Rückkehr eines Dichters, den sie vor 50 Jahren aus Marienbad in den Schmelzofen eines Rüstungswerkes im Ruhrgebiet vertrieben haben.
Es gibt in Marienbad noch einen Goethe, und zwar unweit von der Waldquelle. Aber diesen Goethe, auch wenn er auf dem Sockel mit seiner großen Marienbader Liebe, mit seiner Ulrike, steht und ihr, die ein ziemlich gelangweiltes Gesicht macht, offensichtlich ein Gedicht vorliest, mögen die Marienbader überhaupt nicht. Dieser Goethe ist nämlich ein »Staatsgeschenk« der ehemaligen Deutschen Demokratischen Republik an Marienbad; in der Schenkungsurkunde aus dem Jahr 1985 steht schwarz auf weiß gelogen: »Zum vierzigsten Jubiläum der Befreiung der Stadt durch die glorreiche Rote Armee schenkt die DDR Marienbad diese Goethe-Statue.« Die Lüge ist offensichtlich: Marienbad haben Anfang Mai 1945 nicht Russen, sondern Amerikaner besetzt.

Weshalb Marienbad eine Statue des Komponisten und Klaviervirtuosen Frederic Chopin aufstellen ließ, ist ein Geheimnis. Als er 1836 zur Kur in der Stadt weilte, war das

Wetter grauenvoll, sein Gesundheitszustand wurde in Marienbad nicht besser, und darüber hinaus befand sich Chopin in einer Lebenskrise, denn der angestrebte Stiefvater verweigerte seine Zustimmung. Frederic Chopin war nur einmal in Marienbad und kam nie wieder – er haßte Marienbad. Dennoch hat ihm die Stadt ein Denkmal gewidmet und veranstaltet, keiner weiß warum, jeden Sommer ein Chopin-Festival. Das wichtigste Marienbader Denkmal steht an der Kolonnade und ist dem Begründer des Kurortes, dem Prämonstratenser Abt des unweit gelegenen Klosters in Tepl, Kaspar Reitenberger, gewidmet. Die frommen und klugen Mönche aus Tepl haben 1812, als sie Marienbad gründeten, den damals berühmtesten Gärtner und Gartenarchitekten Václav Skalnik geholt, der in wenigen Jahren den wüsten Ort zu seiner späteren ästhetischen Vollkommenheit gestaltete. Skalniks Denkmal steht am Rande seines Meisterwerkes, der Marienbader Parkanlage. Mit Skalnik holten die Mönche auch den Arzt Josef Johann Nehr nach Marienbad, der den medizinischen Ruf Marienbads wissenschaftlich und auch praktisch begründet hat. Auch Johann Nehr hat in Marienbad eine Statue bekommen. Und die Statue von Dr. Samuel Basch erinnert an seine epochale Entdeckung aus dem Jahr 1880, wie man Blutdruck auch auf unblutigem Wege, also ohne eine Vene anzuzapfen, messen kann. Dr. Basch widerfuhr ein böses Schicksal: Die Marienbader Nazis vernichteten das bereits vor dem Ersten Weltkrieg errichtete Basch-Denkmal, weil der weltberühmte, schon im Jahr 1905 verstorbene Marienbader Mediziner nach den sogenannten Nürnberger Rassengesetzen kein Arier war.

Kein Denkmal besitzt in Marienbad der englische König Eduard VII., obwohl er hier insgesamt 54 Kilo von seiner Körperfülle verlor. Diesen Erfolg, berichtet Georg Loewy, der Marienbadkenner, verdankt Seine Majestät nicht so sehr dem Kurort, sondern einer Hutmacherin namens Mizzi Pisti, deren Zauber der Monarch nicht widerstehen konnte oder nicht widerstehen wollte. Nach seinen regelmäßigen, natürlich heimlichen abendlichen Besuchen bei der lebenslustigen Hutmacherin – in der Öffentlichkeit durfte sich der König mit Mizzi Pisti nicht zeigen – verließ der Monarch die Wohnung seiner zeitweiligen Geliebten durch den Hintereingang. Die österreichischen Spitzel, die den König in Marienbad nicht aus den Augen ließen, haben erst spät, zu spät erfahren, daß Eduard VII. nachts heimlich den französischen Premierminister Georges Clemenceau traf. Die Geheimpolizisten aus Wien haben allerdings nicht erfahren, daß Eduard VII. nach seinen abendlichen Besuchen bei Mizzi Pisti in Marienbad mit Clemenceau die Entente cordiale zwi-

Marienbad, gegründet Anfang des 19. Jahrhunderts von den Prämonstratensern vom nahe gelegenen Kloster Tepl. Die Statue des Begründers von Marienbad, des deutschen Abts Reitenberger, hat in Marienbad alle Zeiten, auch die schlechtesten in der kommunistischen Herrschaft, überlebt.

schen England und Frankreich, und damit den späteren Untergang Österreichs besiegelte.
Zu jener Zeit war Marienbad – nicht Karlsbad – ein Fixstern am Himmel der jüdischen High-Society. Man traf sich jeden Sommer in Marienbad, hier war es ruhiger, bequemer als im sommerlichen Karlsbad. Der Untergang der Habsburgischen Monarchie tat der Attraktivität von Marienbad für jüdische Besucher keinen Abbruch. »Das liberale Klima in der Tschechoslowakei nach 1918 bis 1938«, schreibt Lucian Meysels in der Wiener »Illustrierten Neuen Welt«, »sagte dem jüdischen Publikum besonders zu. Dabei hätte man gerade in Marienbad das Wetterleuchten des aufkommenden Nationalsozialismus bemerken müssen: 1933 wurde in Marienbad der deutsch-jüdische Schriftsteller und Philosoph Theodor Lessing von Nazis ermordet.«

Zurück nach Karlsbad, in eine absurde, zeitgenössische Geschichte, die wie alle guten Geschichten in der Vergangenheit ihren Anfang haben.
Zar Peter der Große war höchstwahrscheinlich der erste berühmte russische Gast in Karlsbad. Nach ihm gab es keinen russischen Fürsten, Grafen, Baron, Bankier oder Fabrikanten, Dichter oder Künstler, Hochstapler oder Falschspieler, der in der Sommersaison nicht wenigstens zwei oder drei Wochen in Karlsbad gewesen wäre. Und als sich die jüdische Gemeinde von Karlsbad 1869, am Anfang des Karlsbader goldenen Zeitalters, das bis 1914 dauerte, für stolze 160 000 goldene Kronen ihre prächtige Synagoge leistete, bauten die russischen Kurgäste, damals vorwiegend Antisemiten, von der »jüdischen Frechheit« beleidigt in Karlsbad die größte und schönste orthodoxe Kirche westlich der damaligen Grenze des russischen Imperiums. Neben diesen zwei Gotteshäusern wirkt die im Jahr 1732 von Kilian Ignaz Dient-

zenhofer gebaute katholische Barockkirche der hl. Maria Magdalena bescheiden. Heute wird diese Kirche als ein Kleinod des tschechischen Barock hochgelobt; die historischen Tatsachen sagen aber etwas ganz anderes aus: Der einzige tschechische Künstler, dessen Bild die Kirche schmückt, ist Josef Kramolín; alle anderen Bilder und Statuen stammen von deutschen Künstlern.

Unterhalb der Kirche, vor der häßlichen, in der Zeit des sozialistischen Realismus gebauten neuen Sprudelkolonnade, stand – wie schon gesagt – bis 1992 die Statue des ersten sowjetischen Kosmonauten Jurij Gagarin. Heute ist sie weg. Karl Marx, in Bronze gegossen, durfte aber in der Nähe der russischen orthodoxen Kirche auf seinem Sockel sitzen bleiben. Er, der Pseudoproletarier und Revoluzzer, war im goldenen Zeitalter, als es im eleganten und sündhaft teuren Kurort von seinen Klassenfeinden nur so wimmelte, standesgemäß mehrmals Gast in Karlsbad. Vor 40 Jahren bekam er sogar in der Nähe der wunderschönen Mühlbrunnenkolonnade ein Museum. Heute werden in den Räumen, in denen neben Karl Marx' revolutionären Schriften auch sein Trinkbecher ausgestellt wurde, im Jugendstil gemalte Bilder des Wiener Malers Wilhelm Gause gezeigt: Ätherische Geschöpfe, in Lila und Blau gekleidete schlanke und fast wie aus feinstem Karlsbader Porzellan geformte und zerbrechliche Damen, begleitet von ein wenig hochnäsigen Herrn in Grau, stehen auf dem größten Bild zum Teil gelangweilt, zum Teil mit verkrampft lächelnden Gesichtern rund um den Mühlbrunnen. Und das Karlsbader rosa Licht sitzt ihnen im Nacken.

So ein Licht gibt es in Karlsbad heute nicht mehr: Dafür sind das Braunkohlerevier, eine Mondlandschaft unter dem toten Erzgebirge, und die mit Braunkohle beheizten Elektrizitätswerke nordwestlich vom Kurort verantwortlich. Wenn der

Wind aus dem Westen weht, wird das Licht und das Grün in Karlsbad gelb und die Luft riecht übel nach Schwefel.
Die Russen, genauer gesagt die Sowjets, waren in Karlsbad von 1948 bis Ende der fünfziger Jahre zu Hause. Im größten Hotel, dem Imperial, hoch oben über dem Kurort, regierten die sowjetischen Chefs über 30000 bis 40000 vorwiegend politische Gefangene, moderne Sklaven, die in den Gruben von Joachimsthal Uran für die sowjetische Atomrüstung förderten. Aber diese Zeiten sind vorbei. Nach 1989 brachen andere an – und die Russen kamen nach Karlsbad zurück.
In einem Karlsbader Hotel – der Name ist nicht wichtig –, einem abscheulichen Eisen- und Betonklotz aus der Zeit der tiefen geistigen Finsternis in den siebziger Jahren, wird auch heute fast nur russisch gesprochen. Wenn man das Personal nach der Herkunft der sonderbaren Kurgäste fragt, die russisch sprechen und eine Vorliebe für bunte, billige Jogginganzüge aus Kunststoff haben, bekommt man die Antwort: »Das sind Russen aus New York. Sie zahlen in Dollar.«
»Wissen Sie«, belehrte mich eine Empfangsdame im Hotel, deren Namen ich lieber verschweige, um bei meinem nächsten Besuch in Karlsbad nicht Schwierigkeiten zu bekommen, »in New York gibt es ein ganzes Stadtviertel, wo nur Russen leben, und die kommen jetzt haufenweise zu uns.«
Als ich es wagte, die Blondine in der Rezeption darauf aufmerksam zu machen, daß die New Yorker Russen sich ganz anders als die russisch sprechenden Kurgäste kleiden, daß die jungen, amerikanisierten Russen ein ganz schlechtes Russisch, dafür aber einen hervorragenden New Yorker Slang sprechen, fuhr sie mich barsch an: »Was gehen Sie unsere Gäste an! Kümmern Sie sich bitte um sich!« Die Dame sah sich besorgt um und fügte leiser hinzu: »Verstehen Sie mich, Russen, echte Russen aus Rußland, würden uns die westlichen Gäste vertreiben.«

Die Dame hatte recht: Was gingen mich die Gäste im Hotel an? Und ich hätte mich tatsächlich lieber um mich gekümmert, wenn ich nicht kurz nach zehn Uhr abends Durst nach mährischem Wein bekommen hätte. Ich ging in die Bar. Im Treppenhaus sprachen mich zwei auffällig herausfordernd gekleidete Damen an; nach Jahren roch ich wieder das süß-widerliche, billige, russische Parfüm, und ich hörte eine Stimme mit einem fürchterlich ukrainischen Akzent deutsch sagen: »Komm, Westdeutscher, machen Liebe, Liebe! 50 Mark, nix viel für dich.« Unten im Treppenhaus lauerten drei Russinnen. Das Geschäft in der Hotelhalle mit dem Charme eines Bahnhofswarteraumes lief an diesem Abend offensichtlich schlecht, genauer gesagt überhaupt nicht.

An der Bar saßen drei junge Männer; zwei in hellblauen, einer in einem knallroten Jogginganzug aus Kunststoff. Ich bestellte ein Glas Wein; der jüngste sprach mich an: »Dir nix gefallen russische Mädchen? Willst du Mädchen aus Aserbaidschan?«

»Sie sind Russen?« fragte ich russisch.

»Nein, wir kommen aus Baku.«

»Mir wurde gesagt, daß hier Russen aus Amerika wohnen.«

Der jüngste lachte: »In Karlsbad schämen sich die Tschechen für die Russen, sie möchten sie am liebsten verstecken.« – »Auch wenn sie genau wie wir mit Dollar zahlen«, fügte der im knallroten Jogginganzug hinzu.

»Und woher nehmen Sie die Dollar?«

»Wir sind Banker und Geschäftsleute und machen hier Geschäfte.«

»Was für Geschäfte?« fragte ich.

Die drei sahen sich ernst an, wechselten einige, wahrscheinlich aserbaidschanische Sätze, und der älteste erwiderte auf russisch: »Mit Autos, mit verschiedenster Ware. Wir vermitteln nach Deutschland billige Arbeitskräfte. Wenn Sie an einem verläßlichen, braven und in jeder Hinsicht gehorsamen Dienstmädchen interessiert sind, dann können wir sofort liefern. 2000 Mark, und Sie können Ihren Schatz sofort mitnehmen. Über die Grenze müßten Sie das Mädchen aber schon selbst bringen.«

Der Mann, der vor dem Hotel den Parkplatz bewachte, versprach, mir über die Russen in Karlsbad einiges zu erzählen, allerdings verlangte er für seine »wie Beton verläßlichen Informationen« auch viel Geld. »Drei oder fünf Hunderter, natürlich Demark, will ich schon sehen, bevor ich anfange zu erzählen«, sagte er. Für einen Zwanziger als Trinkgeld habe ich nur einen in der Ecke des Parkplatzes abgestellten westlichen Kastenwagen mit einem bulgarischen Kennzeichen gezeigt bekommen. »Dreimal in der Woche fahren die Aserbaidschaner nach Prag zum Flughafen, holen dort ihre Kunden ab, und nachts geht die Fahrt entweder zum Grenzübergang nach Sachsen oder nach Bayern. Ab und zu kommt jemand, meistens ein Deutscher, mit einem dicken Mercedes oder BMW aus Bayern angefahren, die Aserbaidschaner sind sofort zur Stelle, der Mann aus Bayern bekommt seinen Umschlag, verschwindet, und das Auto ist auch weg. Sie verstehen, was ich meine?«

»Aber in Karlsbad gibt es Hunderte von Russen. Alle können doch nicht krumme Geschäfte machen.«

»Die Mafiosi aus Moskau, aus Baku und aus Kiew sind nur eine kleine Minderheit, die Mehrzahl der ehemaligen Sowjetbürger sind anständige Leute, eben Kurgäste.«

»Aber wie können sie Karlsbad bezahlen?«

»Ganz einfach«, erwiderte der Parkwächter. »Ihren Kuraufenthalt zahlt der tschechische Staat, und wir bekommen dafür aus der ehemaligen Sowjetunion Öl geliefert, das wir sonst für harte Dollar kaufen müßten. In diesem Sinne sind

Hotel Thermal, das abscheulichste Denkmal an die Zeit des sogenannten sozialistischen Aufbaus. Erbaut Anfang der siebziger Jahre, und das soll nicht vergessen werden, vom Ehepaar Machonin, verdienten sozialistischen Architekten.

die ehemaligen Bürger der Sowjetunion für uns tatsächlich Devisengäste.«

Die Tschechen können ihre russisch sprechenden Kurgäste nicht leiden, aber sie müssen sie akzeptieren, denn die Hotels und Heilanstalten in Karlsbad waren in diesem Jahr nur zu 20 Prozent besetzt. Die ehemalige Bürgermeisterin von Karlsbad, Frau Dipl. Ing. Miroslava Štorkánová, ist von den Bundesdeutschen enttäuscht: Der Andrang von deutschen Investoren nach Karlsbad fand nicht statt. Nur die Franzosen bringen ihre Devisen, im vergangenen Jahr jedoch auch immer spärlicher. Aber trotzdem: In Karlsbad sieht man die ersten Ergebnisse eines Erwachens aus dem 40jährigen Alptraum im totalitären Sozialismus: neue, strahlende Fassaden, elegante Geschäfte mit nicht billigem böhmischem Glas und erstklassigem Porzellan. Schwarze Damen aus Brooklyn auf einer Rundreise durch Europa haben sich für Karlsbad mit klappbaren Einkaufswagen ausgerüstet. Kurz nach Mittag war das rosa Porzellan, ein Verkaufsschlager für Touristen, in den teuersten Geschäften ausverkauft.

»Die Welt ist geteilt«, sagte eine Verkäuferin im elegantesten Karlsbader Porzellanladen im Haus »Bei den drei Mohren«, in dem dreizehnmal J. W. v. Goethe wohnte. »Die schwarzen Amerikaner kaufen rosa Porzellan, die Bürger aus den neuen Bundesländern geschliffenes Glas, Deutsche aus der Bundesrepublik mögen Bleikristall, die Italiener und Franzosen wieder Figuren aus Porzellan.«

»Und die Russen?« frage ich.

»Die kaufen gegenüber Jeans, Shirts, Schuhe und Lederwaren. Das Geschäft beginnt sich zu rühren. Irgendwie müssen wir anfangen.«

In der Anton-Dvořák-Parkanlage spielten vier ukrainische Straßenmusikanten ihre Volksmusik. Ein älteres Ehepaar blieb vor den Musikanten stehen, der Herr ließ in den Hut einen Fünfziger fallen und sagte: »Ist es nicht hoffnungsvoll, daß es sich schon wieder lohnt bei uns in Böhmen zu betteln?«

Es ist traurig in Karlsbad.

Karlsbad wird nie mehr in seine Vergangenheit zurückkehren. Die Zeiten haben sich geändert, aber Karlsbad will es noch nicht wahrhaben; es versucht immer noch die Rolle der alten, einst eleganten, heute allerdings verkommenen und verrohten Dame von großer Welt zu spielen. Die Kugel rollt zwar immer noch im einst weltberühmten Karlsbader Casino, aber die noble Welt ist nicht mehr da. Die letzte große Saison in Karlsbad war der unruhige Sommer 1938. Damals waren in den Verzeichnissen von Hotelgästen in den führenden Häusern, wie zum Beispiel des Hotels Pupp, Imperial und Bristol, noch große Namen zu lesen. Danach, im Herbst 1938, als Karlsbad nach dem Münchener Abkommen ins Reich eingegliedert wurde, kam mit dem Zweiten Weltkrieg der unaufhaltsame Abstieg des seit dem 18. Jahrhundert berühmtesten und elegantesten europäischen Kurortes.

Alte Fotos im Museum, eine traurig-tragische Geschichte von Karlsbad: Hakenkreuzfahnen wehen im Herbst 1938 von den Türmen der St. Magdalena Kirche. Am Karlsbader Kurhaus wird eine Gedenktafel für Konrad Henlein enthüllt. Am 4. Oktober 1938 steht Adolf Hitler auf dem Altan des Karlsbader Theaters und spricht vom »Ende einer grauen Periode tiefster deutscher Schmach und völkischer Ohnmacht in Karlsbad, die jetzt zu Ende ist«. Eine makabre Szene: Die Karlsbader jubeln ihrem Verführer zu, ohne zu ahnen, daß sie zugleich auch ihr eigenes Ende nach 800 Jahren in Karlsbad und in der Geschichte der Stadt bejubeln.

Nach der Vertreibung der Deutschen aus der Tschechoslowakei im Jahr 1945 war das Ende von Karlsbad besiegelt. Karlsbad hat sich von diesem Schlag und von den unzähli-

gen Schlägen in der Zeit des sogenannten sozialistischen Aufbaus, der für die Stadt die Zeit des gesellschaftlichen, geistigen und des allgemeinen Verfalls war, nicht erholt.
Heute ist mehr als die Hälfte von den einst eleganten, schon privatisierten Kurhäusern leer. Die neuen Inhaber haben kein Geld, um die Häuser nach 40 Jahren sozialistischer Mißwirtschaft zu renovieren. Das erwartete große Geld macht um Karlsbad einen großen Bogen. Der einst elegante Kurort des Hoch- und Geldadels, der Könige, Kaiser und Künstler, ist heute eine Attraktion für Billigtouristen. Sie kommen aus der ganzen Welt, überschwemmen in der Sommersaison die Stadt, allerdings nur für einen Tag. Die einst besten Hotels in Europa – ich denke an das einst weltberühmte Grandhotel Pupp – sind auch in der Saison leer oder jede Nacht mit einer anderen Reisegruppe besetzt.
Früher, vor dem Zweiten Weltkrieg, war im Grandhotel Pupp zu jeder Mahlzeit Smoking oder Frack, für die Damen kleines oder großes Abendkleid Pflicht. Unlängst, als ich nach Jahren im Pupp übernachtete, saßen im französischen Restaurant Touristen aus Berlin in Trainingsanzügen aus Kunststoff, eine ziemlich laute Reisegruppe aus Österreich, lauter Wiener, und eine Gruppe Amerikaner in T-Shirts ohne Ärmel und in kurzen Hosen.
Abends sitzen die Amerikaner mit der Reisegruppe aus Österreich in der eleganten Jugendstilhalle. »Herr Ober, zehn Flaschen Champagner!« schreit ein Herr in echt Wiener Dialekt. Zehn Flaschen Champagner, denke und multipliziere ich schnell, das sind mindestens 500 Mark in diesem Hotel! Meine Eltern, keine armen Leute, gönnten sich vor dem Zweiten Weltkrieg – ich bin damals acht gewesen –, als sie jeden Sommer drei Wochen im Pupp wohnten, nur eine Flasche Champagner jeden zweiten Abend. Und jetzt kommen 10 Flaschen auf den Tisch! Das läßt sich sehen! Aber dann

kommt die große Enttäuschung: Der Ober bringt zehn Flaschen russischen Sekt, die Flasche auch im Grandhotel Pupp für lausige vier Mark!

Die großen Zeiten von Karlsbad und vom Grandhotel Pupp sind eben aus und vorbei.

Karlsbad hat keine Zukunft. Auch wenn der Kurort in fünf oder sechs Jahren seine halbverfallenen Kurhäuser renoviert, auch wenn die Fassaden wieder in neuen Farben erstrahlen, wird Karlsbad seine ruhmreiche Vergangenheit nie mehr ins Tepl-Tal zurückholen können. Die Welt hat sich nämlich – und das haben die Karlsbader noch nicht begrif-

Der geflügelte Löwe vor der Bauruine des einst eleganten Karlsbader Stadt- und Kurtheaters hat vor Jahren seinen Kopf verloren. In Karlsbad munkelt man, daß der Löwenkopf seit Ende der sechziger Jahre den Eingang in die herrschaftliche Villa eines Karlsbader Funktionärs der kommunistischen Partei schmückt …

fen, oder sie wollen es nicht wahrnehmen – geändert. Die elegante und reiche Welt fährt nicht mehr zur Kur, sondern jettet zu den heute weltberühmten Stränden in der ganzen Welt, im Winter versammelt sie sich in St. Moritz, in Davos oder in den kanadischen Rocky Mountains. Die großen Zeiten der eleganten Kurbäder sind vorbei. Auch Karlsbad muß sich mit einer bescheidenen Zukunft als Kurort, in dem Magen, Leber und Galle geheilt werden, zufriedengeben.

»Es ist langweilig hier«, klagt eine emanzipierte Dame aus Stuttgart, die nach Karlsbad aufbrach, um hier etwas zu erleben, die große Welt zu schnuppern. Aber die große Welt kommt nicht mehr nach Karlsbad. Der Massen- und Billigtourismus hat Karlsbad fest im Griff.

In der einst weltberühmten Karlsbader Konditorei Elefant, in der, und das ist historisch, schriftlich und auch literarisch belegt, nicht nur Goethe, sondern auch Zaren, Kaiser, Könige, Herzöge und Prinzen, Bankiers, Spieler und Hochstapler, elegante Damen und auffällige Frauenzimmer, die man aber nicht für Damen halten konnte, nach 16 Uhr ihren Kaffee oder Schokolade tranken und die weltberühmten »böhmischen Särge mit Sahne« aßen, herrscht heute eine langweilige Tristesse. Vorbei sind die Zeiten, als hier, in der Konditorei Elefant Frau Rosalie von Geymüller, die lebenslustige Gattin eines baronisierten Wiener Bankiers, ihren Hof hielt.

Im Sommer 1821 berichtet ein Polizeispitzel nach Wien:

»Frau von Geymüller gibt häufig Anlaß zu bitteren Bemerkungen über ihr Betragen in der Konditorei Elefant überhaupt, als insbesondere über ihre unsinnige Verschwendung. Drei- oder viermal des Tages kleidet sie sich um, jedesmal kostspieliger als zuvor. Es ist übrigens kein Geheimnis, daß dieses Frauenzimmer hundertfünfzig Kleider zu Besuchen und Gesellschaften, nebstdem über dreißig Negligés und warme Reisekleider in Karlsbad bei sich habe.«

Heute weist die Konditorei Elefant den Charme eines Bahnhofsrestaurants auf; es ist nicht einmal eine Touristenfalle, wie das Café Dvořák oder das unverschämt teure, in Pseudo-Jugendstil renovierte Café Pupp mit verklärt und schweigend lächelnden, frisch geschminkten käuflichen Damen in jeder Ecke.

Kenner geben heute dem kleinen Kurort in der Nähe von Eger, nämlich Franzensbad, absoluten Vorzug vor Karlsbad und auch vor Marienbad. In Franzensbad sind Berühmtheiten Mangelware, die Geschichte des jüngsten Kurortes im Böhmischen Bäderdreieck ist kurz. Franzensbad wurde von den Egerschen Stadtvätern erst Ende des 18. Jahrhunderts, nur als, heute würde man sagen: Naherholungsgebiet gegründet. Auch in Franzensbad hat der sogenannte stürmische sozialistische Aufbau seine verheerenden Spuren hinterlassen; das einst noble Kurhaus ist eine verwüstete Halbruine. Aber Franzensbad wird mit viel Sinn fürs Schöne und Bequeme renoviert.

Gegenüber seinen großen Konkurrenten Karlsbad und Marienbad hat Franzensbad einen großen Vorteil: Es ist klein und niedlich und es erfüllt nicht die Erwartungen des heutigen hektischen, auf Sensationen getrimmten Massentourismus. Hier gibt es keine große Geschichte zu entdecken, hier geschah eigentlich nichts, hier herrschte immer nur Ruhe.

Goethe ist hier auch gewesen, auch zwei oder drei längst vergessene Könige waren hier zu Gast. Aber immer wieder geschahen hier Wunder: Einige unfruchtbare Damen aus allerhöchsten Gesellschaftskreisen, die zu Hause keine Kinder kriegen konnten, Gattinnen von berühmten Männern, die unbedingt einen Nachkommen und Erben haben wollten, wurden hier geheilt und auf eine manchmal zu wunderliche Art und Weise schwanger. Milan Kundera, der tschechische

Romancier, hat in seinem Roman »Abschiedswalzer« viel Ironisches über Franzensbader Frauenärzte und über ihre Wunderheilungen von unfruchtbaren Frauen erzählt...

In einer halben Stunde hat der ständig gehetzte Tourist in Franzensbad »alles gesehen« – er verschwindet und kommt nie wieder. Zurück kommen nur jene, die sich in Franzensbad, in seine Stille, in seine Seen und in sein Mineralmoorgebiet verliebt haben.

Unlängst hat mir mein Nachbar in München gesagt: »Wissen Sie, in Franzensbad ist überhaupt nichts los!« Und das ist eben das schönste an diesem kleinen Kurort.

Zaren, Bolschewiken, Neureiche – Öl und Geldwäsche

Die Russen sind wieder in Karlsbad

Karlsbad ist wieder in russischer Hand. Die neue russische »High-Society«, heute allerdings keine russischen Zaren, keine Aristokraten, die sich bis 1914 jeden Sommer in Karlsbad ein Stelldichein gaben, keine sowjetischen Parteikader und Generäle, die nach 1945 Karlsbad als ihre Kriegsbeute und Eigentum betrachteten, keine Techniker und Agenten des KGB, die von 1945 bis Anfang der sechziger Jahre das tschechische Uran im unweit entfernten Joachimsthal plünderten, sondern Neureiche aus Moskau, aus Baku, aus Aserbaidschan, Georgien und der tatarischen ASSR sind jetzt willkommene Gäste in den noblen Kurhäusern oder in den sündhaft teuren Hotels. Karel Fron, der Dichter aus Karlsbad, sagt: »Die Zeiten haben sich geändert. Nach der tschechischen sanften Revolution im Spätherbst 1989 verschwanden die Russen, dann kamen zahlungskräftige und dementsprechend anspruchsvolle bundesdeutsche Bürger nach Karlsbad. Sie sahen, was zu sehen war, nämlich einen einst eleganten, nach mehr als 40 Jahren Sozialismus jedoch verfallenen Kurort. Sie fuhren zurück nach Hause und kamen nie wieder.«

Seit dieser Reisewelle kommen aus dem Westen täglich Reisebusse mit bescheidenen Tagestouristen, die in Karlsbad die große Welt von Anno dazumal beschnuppern und dabei billig das nicht immer erstklassige Porzellan und vorwiegend Kitsch aus böhmischem Glas einkaufen – Massenproduktion für weniger anspruchsvolle Touristen.

Karlsbad, nicht mehr vom Vater Staat subventioniert, stand 1993 kurz vor der Pleite. Und dann kam die Rettung: Bürger des zerfallenen sowjetischen Imperiums entdeckten in ihren verschütteten oder in der russischen Literatur erhaltenen Erinnerungen Karlsbad als jenen Ort, wo die vergangene, große imperiale Herrlichkeit und Macht des versunkenen Zarenreiches vor Ausbruch des Ersten Weltkriegs den Rest der damals reichen und eleganten Welt ins Staunen versetzt hatte. Seit zwei Jahren haben es die Karlsbader mit einem russisch-aserbaidschanisch-georgisch-tatarischen Drang gen Westen zu tun. Karlsbad ist für die Bürger des ehemaligen russisch-sowjetischen Imperiums ein nostalgischer Ort: Als sie sich hier zur Zarenzeit oder in der Zeit des Kommunismus groß und mächtig geben konnten, war ihre Welt noch in Ordnung.

In den Speisesälen der noblen Karlsbader Hotels, wo einst die Zarenfamilie mit europäischen Kaisern, mit Königen, mit Erzherzögen, Prinzen und Prinzessinnen und mit dem Geldadel tafelten, findet man wieder Russen, Aserbaidschaner, Georgier und Tataren mit ihren Frauen in französischen Klamotten oder mit aus Moskau, aus Baku oder von der Krim mitgebrachten, goldgeschmückten »ljubownicami« – Geliebten, heute allerdings alle ohne Smoking, ohne Abendkleid, öfter auch noch ohne Manieren. Mit der russischen Aristokratie, die vor 1914 überzeugt war, sich mindestens die Hälfte der Sommersaison in Karlsbad sehen lassen zu müssen, haben die heutigen Gäste aus dem zusammengebrochenen russisch-sowjetischen Imperium nur eines gemeinsam: viel Geld. Ihre Hotelrechnungen, schicke westliche Kleider, Juwelen und nur die teuersten Antiquitäten zahlen die, wie sie in Karlsbad genannt werden, »neuen Russen« in bar oder in harten amerikanischen Dollar. Kreditkarten oder Schecks akzeptieren die Tschechen von ihren slawischen Brüdern nicht. Den russisch sprechenden Bürgern macht es aber nichts aus, denn dem Plastikgeld trauen ehemalige Sowjetbürger aus mehreren, für sie überzeugenden Gründen nicht: »Bargeld ist mir sicherer«, sagte Iwan Fjedorowitsch,

Ein Foto als Erinnerung nach Baku – Bürger des ehemaligen sowjetischen Imperiums.

ein Geschäftsmann aus Alma-Ata, »es hinterläßt beim Zahlen keine Spuren.«

Russisch ist in Karlsbad wieder Weltsprache

Für die Befreiung im Jahr 1945 mußte die Tschechoslowakei ihre slawisch-sowjetischen Brüder auch mit ihren Uranbergwerken in Joachimsthal teuer bezahlen. Aus den Fenstern des Beutehotels »Imperial«, das die Sowjets für ihre Kriegsbeute, für die »Hermann-Göring-Werke« bei Most-Brüx, eintauschten, sahen sowjetische Techniker und Sicherheitsexperten in der Nacht hoch oben auf dem Bergkamm vom Erzgebirge die beleuchteten, mit elektrischem Strom geladenen Stacheldrahtzäune rund um die fünf Straflager und Bergwerke, in denen bis Anfang der sechziger Jahre an die 45 000 tschechoslowakische, vorwiegend politische Häftlinge Uran für sowjetische Atombomben fördern mußten.

Nach dem Scheitern des Prager Frühlings im Jahr 1968 und in den darauffolgenden 20 Jahren sowjetischer Okkupation galt es auch in Karlsbad als unanständig, auch nur ein Wort Russisch in den Mund zu nehmen. Und wenn z. B. die Verkäuferin Ludmilla H. im damals staatlichen Geschäft mit Lederbekleidung – für Genossinnen aus Moskau war eine Lederjacke Made in Czechoslowakia der absolute Modeschlager – gezwungen war, mit ihren sogenannten slawischen Brüdern und Schwestern einige Sätze zu wechseln, dann duzte sie diese und sprach sie als »Genosse« oder »Genossin« an. »Die Zeiten haben sich geändert. Das Geschäft ist privatisiert«, erzählt Ludmilla, »die russischen Damen und Herren zahlen in Dollar, so müssen wir wieder Russisch lernen. Ich hatte Schwierigkeiten, die russische Kundschaft mit Herr – Gospodin – oder gnädige Frau – Gosposcha – oder sogar mit

Madame anzusprechen. Aber ich habe mich an die russische Kundschaft gewöhnt.«
Im inzwischen privatisierten Kurhotel Imperial haben westliche Gäste keine Chance: Alle Ankündigungen in der Hotelhalle, das Kultur- und Ausflugsprogramm, die Speisekarten, die Rechnungen, alles ist in kyrillischer Schrift gedruckt oder geschrieben. Auf den Tischen liegt die Moskauer Tageszeitung »Iswestija« und die in Prag herausgegebene Zeitschrift »Ekonomija i bysnys – Tschechien segodnja« – »Ökonomie und Busineß – Tschechien heute«. Bis 1994 gab es in Karlsbad nur tschechisch-deutsche – selten auch englische – Aufschriften: Směnárna – Geldwechsel, obědy, večeře, teplá kuchyň celý den – Mittags- und Abendessen, warme Küche durchgehend den ganzen Tag usw. Heute verdrängt das Rus-

Die Sprudelkolonnade mit dem Charme einer Bahnhofshalle aus den fünfziger Jahren, auch ein Produkt des sozialistischen Aufbaus von Karlsbad.

sische die deutsche, die englische, ja sogar die tschechische Sprache. Kein Wunder: 1995 kamen über 13 000 russisch sprechende Gäste – jeder mindestens für drei Wochen – nach Karlsbad. In diesem Jahr sollen es über 16 000 sein...
Bundesdeutsche Bürger, vorwiegend Wochenendtouristen und aus Karlsbad 1945 vertriebene Sudetendeutsche, sind in der Stadt, finanziell und zahlenmäßig gesehen, heute eine Minderheit, die mit den zahlungskräftigen Russen, Aserbaidschanern, Georgiern und Tataren nicht mithalten kann. Ing. Josef Ciglanský, der Direktor der Karlsbader Živnostenksá banka (Gewerbebank) bedauerte, daß die Deutschen und auch andere westliche Investoren – Sudetendeutsche nicht ausgenommen – sich mit ihrem Geld und Investitionen aus Karlsbad zurückziehen. Der Direktor des noblen, in diesem Jahr für mehr als 200 Millionen Kronen renovierten Grandhotel Pupp AG. – weitere 200 Millionen sollen noch in den nächsten drei Jahren ins Hotel Pupp investiert werden –, Petr Veselý, erklärt seine Hotelphilosophie: »Ein Gast im Haus zahlt nichts, er muß sich aber auch damit zufriedengeben, was er vom Gastgeber bekommt. Unser Klient dagegen zahlt für den Aufenthalt im Pupp eine Menge Geld und bekommt dafür auf höchstem Niveau das Beste, was wir bieten können. Und was die Russen betrifft: Sie zahlen pünktlich, viele sogar im voraus, natürlich in bar. Im Hotelgewerbe kennen wir keine Nationalität oder Rasse, nur Klienten, die gutes Geld bringen.«

Verzwickte Frage ohne Antwort

»Woher haben Sie amerikanische Dollars?« frage ich unter dem Dach der Sprudelkolonnade den Familienvater Sergej Dimitriewitsch aus Moskau, der sich mir als Banker vorstellte, der »mit Öl und mit Erdgas« seine »Brötchen und

Die wunderschön renovierte Markt-Kolonnade in Karlsbad, 1996.

seinen Wodka« verdient. »Als ich hier in Karlsbad meiner Frau bei einem italienischen Juwelier ein goldenes Armband gekauft habe«, erklärt Sergej Dimitriewitsch, »fragte ich Alfredo nicht nach der Herkunft seines Geldes, mit dem er hier in Karlsbad sein nobles Geschäft eröffnet hat. Und Alfredo hat, ohne mich nach der Herkunft meines Geldes zu fragen, schweigend die 6500 Dollar für das Armband gezählt und eingesteckt. Und damit war die Sache für uns beide erledigt.«

Fast alle Russen oder russisch sprechenden Gäste, genauer gesagt Klienten, in Karlsbad sind von Beruf Banker, Geschäftsleute oder Makler. Zwischendurch, jedoch sehr selten, sind sie Direktoren oder leitende Angestellte auf den Ölfeldern in Sibirien oder im Süden des ehemaligen Imperiums. Alle ehemaligen Sowjetbürger verbreiten unter den Kolonnaden, in den Bars und in den für Tschechen unbezahlbaren Restaurants den Duft von vielen, höchstwahrscheinlich ungewaschenen Dollars, die betörend nach Öl und Erdgas riechen.

Slawische Freundschaft, die nicht mehr funktioniert

Die tschechischen Kurgäste sind auf ihre einstigen slawischen Brüder und ehemaligen Vorkämpfer für eine sozialistisch-kommunistische Welt und Zukunft ziemlich sauer. Frau Zdena K., die im Kurhotel Kriváň-Bohemia ihre Galle kuriert, ließ in den Kolonnaden unverhohlen Dampf ab: »Die Russen bekommen im getrennten Speisesaal ein Frühstücksbuffet serviert, daß sich die Tische unter der Last der Schinken, ausgewählten Käsesorten, erstklassigen Salami und anderen Delikatessen biegen. Und wir, die nicht in Dollar zahlen können, kriegen eher ein armseliges Frühstück. Wie in der Zeit, als die Russen unsere Uranbergwerke plünderten oder als sie als Okkupanten bei uns waren, fühle ich mich im Vergleich mit ihnen wieder als Bürgerin zweiter Klasse.«

Die D-Mark ist in Karlsbad eine zweitklassige Währung

Die Zeit der deutschen Mark ist in Karlsbad zwar nicht vorbei, dennoch wurde unser Geld von den Öl-Dollars aus Rußland verdrängt. Sechs Jahre nach der Wende ist die D-Mark in Karlsbad eher eine Währung von kleinen Leuten, von Einkaufstouristen aus den benachbarten bayerischen und sächsischen Grenzgebieten, die jedes Wochenende ganz groß in Karlsbad Fleisch, Salami, Butter, Käse, Schnaps und Zigaretten einkaufen, oder ein Zahlungsmittel von Sextouristen, die hier oder in der Umgebung für einen Fünfziger fast alles bekommen, wofür sie zu Hause mindestens viermal soviel bezahlen müßten. Das große Geschäft mit den zahlungskräftigen, russisch sprechenden Kurgästen, oder vermutlichen Kurgästen, machen die zahlreichen Boutiquen, die Antiquitätenläden, die Juweliere. Allein rund um die Kolonnade habe ich über 20 Läden mit Gold gezählt, alle, bis auf einen, sind fest, jedoch diskret in der Hand der italienischen Mafia oder seit zwei Jahren unter der Kontrolle der auf dem europäischen Markt sich immer brutaler durchsetzenden albanischen Verbrechersyndikate.

Geschäfte mit Sachsen, nur eine Bagatelle

Der Pressesprecher des Karlsbader Stadtamtes, Herr Dvořák, ist auf die »Einkaufstouristen« aus Sachsen, die jedes Wochenende die Karlsbader Lebensmittelgeschäfte mit ihrer günstig umgetauschten D-Mark, wie er behauptet, plündern und darüber hinaus ihre Plastiktüten und Verpackungsmaterial auf der böhmischen Seite der Grenze in den Straßengraben werfen, ziemlich sauer. Der Inhaber eines großen Lebensmittelgeschäftes in der Karlsbader Innenstadt in der Nähe der Hauptpost ist allerdings anderer Meinung: »Wenn die Kunden aus Sachsen ausbleiben sollten, dann bin ich in einem Monat pleite. Es stimmt, daß tschechische Kunden nicht jedes Wochenende in so großen Mengen wie die neuen Bundesbürger Fleisch, Butter, Käse und die so teuren Lebensmittel einkaufen können, daß unsere Leute mit Neid die vollen Einkaufstaschen unserer deutschen Nachbarn mustern. Aber daran sind doch die Sachsen nicht schuld. Unter uns gesagt: Die deutsche Kundschaft schafft es nicht, uns leerzukaufen. Ich finde es mies, daß viele Tschechen auf die Sachsen schimpfen, die bei uns nur Lebensmittel einkaufen, beschämt jedoch über die russische Mafia schweigen, die sich gemeinsam mit unseren ehemaligen Genossen für schmutziges Geld in Karlsbad breitmacht.« Und sein Nachbar, ein Händler mit echt böhmischen, höchst kitschigen Kristallüstern, kommentiert mit einem verschlagenen Lächeln die vorwiegend sächsisch-bayerische Kundschaft mit den Worten: »Ich habe mein Geschäft nicht eröffnet, um meinen vorwiegend deutschen Kunden abzuraten, diesen kleinbürgerlichen Kitsch aus Glas zu kaufen.«

Ohne die Russen wäre Karlsbad pleite

Noch nach der Wende im Herbst 1989 kamen in den folgenden zwei oder drei Jahren an die 60 000 Tschechen zur Kur nach Karlsbad. Im Jahr 1995 waren es nur noch rund 20 000 – die tschechischen Krankenkassen müssen eisern sparen. Die Zahl der Kurgäste aus dem westlichen Ausland, vor allem aus der Bundesrepublik Deutschland, ging auch drastisch zurück. Die D-Mark sitzt den bundesdeutschen

Touristen nicht mehr so locker in der Tasche wie noch vor drei Jahren. Deutsche Sparmaßnahmen im Gesundheitswesen bekommt Karlsbad auch schmerzlich zu spüren...

»Ohne russische Gäste wären wir heute pleite«, sagte Dr. Stanislav Široký, der Kurarzt und einer von den kleineren Aktionären der Aktiengesellschaft Imperial. »Vor der Wende war die Existenz des Kurhotels Imperial gesichert. Verdiente Parteigenossen aus der Sowjetunion kamen zur Kur – von 1945 bis Ende der achtziger Jahre waren es nur im Kurhotel Imperial an die 300 000. Sie zahlten fast nichts, denn für die Rechnungen der sowjetischen Gäste, Staatsminister, Generäle, für hohe Parteikader usw., bezahlte der tschechoslowakische Staat. Wir hatten zwar keine finanziellen Sorgen, dafür aber lebten wir in ständiger Angst. Wenn ein hochdekorierter Parteigenosse Durchfall kriegte, dann mußten wir es als einen ganz wichtigen politischen Vorfall unverzüglich dem Karlsbader Sekretariat der KP melden. Und wenn drei sowjetische Generäle zwei Tage unter Durchfall litten, dann kam ein ganzer Stab der Staatssicherheit aus Prag angefahren und ermittelte wegen Sabotage.«

Als nach der Wende die sowjetischen Gäste ausblieben, hatte das Kurhaus plötzlich einen Schuldenberg von mehr als 12 Millionen Kronen. Und in dieser Krisensituation retteten das inzwischen privatisierte Imperial russische Öllieferungen an die noch nicht geteilte Tschechoslowakische Republik. Das Geschäft war einfach: Das Kurhotel nahm russische Gäste auf, Moskau bezahlte die Kuren mit Öl, und die Imperial AG verkaufte das Öl an den Staat weiter.

Die Stadtväter von Karlsbad wollen vor den Russen bisher noch keine Angst zu erkennen geben. Dipl.-Ing. Oldřich Hrubý, im Karlsbader Gemeindeamt für Fremdenverkehr, Geschäft und für den Kurort verantwortlich, denkt genauso sachlich wie Jitka Hradílková, die Chefin des Fremdenverkehrsamtes: Die russischen, aserbaidschanischen, georgischen und tatarischen Gäste bringen genau so gutes, heute jedoch viel mehr Geld als die Deutschen, Franzosen, Japaner oder Amerikaner zusammen. Und hartes Geld, auch wenn es in Karlsbad gewaschen werden muß, stinkt hier noch weniger als woanders. Der einst weltberühmte Kurort, dessen Glanzzeit längst aus und vorbei ist, braucht viel Geld; nur die Renovierung des Stadttheaters, seit Ende des 19. Jahrhunderts ein Juwel unter den kleinen Theatern, nach 40 Jahren Sozialismus eine Ruine, wird an die 250 Millionen kosten. Es wird hier, und das ist ohne Zweifel ein Verdienst der Stadtväter, viel renoviert, abgerissen und neu gebaut. Auf zwei Fragen sind in Karlsbad von offiziellen Stellen allerdings kei-

Der russische Adel leistete sich Ende des 19. Jahrhunderts in Karlsbad eine von den schönsten und prächtigsten orthodoxen Kirchen westlich der damaligen russischen Grenzen.

ne Antworten zu bekommen: Woher kommt das große Geld, das in die Stadt fließt, und wieso stehen an der Spitze der neuen Aktiengesellschaften und Gesellschaften mit beschränkter Haftung von fast allen privatisierten Hotels, von Karlsbader Porzellan- und Glasfabriken altgediente Kommunisten, einst allmächtige Parteigenossen, die jetzt noch mehr Macht, Einfluß und noch mehr Geld haben als vor der Wende im Spätherbst 1989?

Ökonomische Horrorgeschichten

»Als vor einigen Wochen ein arabischer Geschäftsmann das Hotel Thermal für 250 Millionen Kronen kaufte – ohne natürlich sofort zu bezahlen«, erzählt ein Karlsbader Jurist, der nicht genannt werden will, »haben einige von unseren einheimischen, ehemaligen verdienten KP-Genossen, heute Geschäftsleute, mächtig mitverdient. Das Malheur kam drei Tage später: Der arabische Geschäftsmann, ein Betrüger, flog unverzüglich nach Zürich, verkaufte das Hotel Thermal für 500 Millionen an eine Schweizer Hotelkette und verschwand.« Und man erfährt aus gut informierten Quellen, die aus verständlichen Gründen auch nicht genannt werden wollen, weil einige Geschäftsleute aus der ehemaligen UdSSR mit ihren Bodyguards anreisen: Die russischen, aserbaidschanischen, georgischen, tatarischen und andere sogenannte Banker und Geschäftsleute – über Mafia redet man in Karlsbad vorsichtshalber nicht – haben sich in den vergangenen zwei Jahren mit Hilfe von tschechischen Strohmännern schon mindestens zwei Dutzend Kurhäuser und Hotels, unter ihnen, und das empfinden die Karlsbader als Schande und Demütigung, auch das Haus der tschechischen Schriftsteller, wahrscheinlich auch schon fast die ganze Sadová ulice – deutsche Parkstraße – mit dem Grundstück der von den Nazis im Herbst 1938 niedergebrannten und zerstörten Synagoge unter die Nägel gerissen. Alle traditionsreichen Karlsbader, einst deutschen Familienbetriebe wie z. B. die Bechersche Likörfabrik, die Glasfabrik Moser, die Pirkenhammer Porzellanfabrik, das Hotel Bristol, das Nobelhotel Pupp, wahrscheinlich auch das einst ehrwürdige, im vergangenen Jahr hervorragend renovierte Hotel Poštovní dvůr (Posthof) und viele andere stehen heute unter der Kontrolle der in der Stadt und Umgebung ein wenig unheimlichen, fast allgegenwärtigen und allmächtigen »Porzellangesellschaft«, in der altgediente Funktionäre der KP das Sagen haben.

»Ich sage es offen«, erzählt mir ein Diplomkaufmann, der den gut bezahlten Job in einem von sehr zweifelhaften Geschäftsleuten kontrollierten Hotel aufgab, um sicherer zu leben, »daß wir es in Karlsbad mit einer russisch-sibirischen Mafia zu tun haben. Es ist aber absurd: Ohne Geld aus sehr anrüchigen Quellen gäbe es bei uns keinen Wiederaufbau. Die Gefahr sind für uns heute nicht mehr Sudetendeutsche, nicht einmal die Russen, Aserbaidschaner, Georgier und Tataren, sondern ihr schmutziges Geld, mit dem sie sich bei uns einkaufen, für Generationen festklammern und in Karlsbad bleiben.«

Ein Rechtsanwalt, der auf Erbrecht spezialisiert ist, sieht die verzwickten Eigentumsverhältnisse in Karlsbad noch komplizierter: »Mehr als die Hälfte von Karlsbad gehörte bis Herbst 1938 jüdischen Familien. Im Zweiten Weltkrieg wurde das jüdische Eigentum von den Nazis an Karlsbader Sudetendeutsche zu Spottpreisen verhökert, und 1945 wurde auch das ursprünglich jüdische Eigentum vom erneuerten tschechoslowakischen Staat als deutsches Eigentum beschlagnahmt. Die Karlsbader Juden konnten nach Kriegsende ihre berechtigten Ansprüche auf Rückgabe ihres von den Nazis gestohlenen und verkauften Eigentums nicht geltend machen, denn sie wurden fast alle von den Nazis vergast, ermordet. Es ist traurig: Es gibt in Karlsbad keine jüdischen Erben. Ein großer Teil einst jüdischen Eigentums befindet sich heute bereits fest in der Hand der russisch-sibirischen Ölmafia. Ich habe die Befürchtung, daß wir uns dem Drang des russisch-aserbaidschanisch-georgisch-tatarischen Kapitals in den Westen, also auch nach Karlsbad, nicht erwehren können. Nach zwei oder nach drei Jahren wird in Karlsbad fast alles, ehemaliges sudetendeutsches, jüdisches oder tschechisches Eigentum den sogenannten Geschäftsleuten aus dem ehemaligen, zerfallenen sowjetischen Imperium gehören. Unsere einstigen slawisch-sowjetisch-imperialistischen Brüder haben in unserer Stadt bereits eine von ihren westlichen Geldwäschereien eingerichtet.«

(Juni 1996)

Einladung nach Prag – Ein fürstlicher Verzicht

Drei Jahrhunderte hat die Familie Thun-Hohenstein, ursprünglich aus dem Nonsthal im Trentino, aktiv in der böhmischen Geschichte mitgewirkt. Im 19. Jahrhundert widmeten sich die Brüder Franz und Leo der tschechischen Sprache, Literatur und Kultur. Um die Jahrhundertwende versuchte Franz Thun, zweimaliger Statthalter in Böhmen und österreichischer Ministerpräsident, im eskalierten Nationalitätenkonflikt zwischen den Tschechen und Deutschen zu vermitteln. Vergeblich war auch sein Versuch, Kaiser Franz Josef zur Annahme der böhmischen Königskrone zu bewegen. Im Jahr 1945 wurden die Thun-Hohensteins aus der Tschechoslowakei vertrieben. Im Herbst 1995, 50 Jahre nach der Vertreibung, wollte der Psychologe Dr. Thomas Graf Thun-Hohenstein, nicht mehr in Böhmen, sondern nach 1945 in Bayern geboren, endlich wegkommen vom ewigen Reden über die Entschädigung tschechischer Naziopfer und erklärte sich bereit, einem tschechischen Bürger, der unter den Nazi verfolgt wurde, eine symbolische Rente von 100 DM pro Monat zu zahlen. Der tschechische Staatspräsident Václav Havel erfuhr von dieser Initiative, bedankte sich bei Dr. Thomas Thun-Hohenstein und lud ihn zu einem Besuch nach Prag ein.

Bei seinem Besuch beim tschechischen Staatspräsidenten, Ende Juni dieses Jahres, überreichte Dr. Thomas Thun-Hohenstein Václav Havel im Namen seiner Familie eine Verzichtserklärung auf Rückgabe bzw. Entschädigungsansprüche des im 1945 aufgrund der Beneš-Dekrete konfiszierten Eigentums seiner Familie. Es ist nicht wenig, worauf die Thun-Hohensteins verzichten: Zwei Schlösser in Nordböhmen, 7000 Hektar Wald, diverse Immobilien, ein Haus in Prag sowie verschiedene Beteiligungen.

Die Idee mit dem bedingungslosen Verzicht fiel Dr. Thomas Thun-Hohenstein erst kurz vor seinem Besuch bei Václav Havel in Prag ein. »Zur Gedächtnisstütze schrieb ich mir das, was ich dem Präsidenten sagen wollte, auf einen kleinen Zettel«, erzählte Dr. Thun-Hohenstein, »und da fiel mir plötzlich die Äußerung eines tschechischen Gesprächspartners vom Tag vorher ein – wir sprachen über die Schwierigkeiten einer deutsch-tschechischen Erklärung –, der gesagt hatte: ›Um das Mißtrauen in unserem Land gegenüber den Deutschen zu besänftigen, brauchen wir etwas Schriftliches mit Brief und Siegel.‹ Ich dachte weiter: Nur wenn man selbst ohne jegliche Einschränkung verzichtet, kann man vielleicht später, unbelastet vom Verdacht, in Wirklichkeit eigene Interessen im Sinn zu haben, glaubwürdig eine Lösung des schmerzlichen Problems des konfiszierten sudetendeutschen Eigentums vorschlagen. Nach Absprache mit meinem älteren Bruder und mit meinen Geschwistern wollten wir nicht den Verdacht aufkommen lassen, die Familie Thun-Hohenstein versucht sich beim Präsidenten Václav Havel als eine Art von ›Gutmenschen‹ zu profilieren, um hinterher möglichst viel für sich selbst zurückzubekommen.«

Dr. Thomas Thun-Hohenstein erarbeitete mit seinem älteren Bruder Franz Fürst Thun-Hohenstein, dem Chef der Familie, einen Vorschlag für die Gründung einer Stiftung, die zur Lösung des auf der tschechischen Seite immer noch tabuisierten Problems des sudetendeutschen Eigentums beitragen

könnte. »Wir suchten aus der verfahrenen Situation mit dem ehemaligen sudetendeutschen Eigentum einen Ausweg und kamen zu folgendem Schluß«, erzählte Dr. Thomas Thun-Hohenstein: »Sämtliches, jetzt noch in öffentlicher Hand befindliches ehemaliges Eigentum der Vertriebenen wird in einen Fond überführt. Der Gesamtwert wird aufsummiert und anteilsmäßig auf alle Vertriebenen oder auf ihre Nachkommen in Form von Anteilscheinen an diesem Fond verteilt. Mit Hilfe dieser Anteilscheine wäre es dann grundsätzlich möglich – und wir glauben und hoffen, daß viele Vertriebene das tun würden –, diese Anteilscheine einer gemeinnützigen Stiftung zu übertragen. Diese Stiftung würde dann im Vertreibungsgebiet gemeinnützige Projekte betreiben und unterstützen. Denkbar wäre die Renovierung von verfallenen Höfen, Kirchen, Schlössern, Förderungen von Jugendaustausch usw. Diesen Vorschlag, in dem wir versuchten auch weitere Einzelheiten zu regeln, haben wir jedoch fallenlassen. Von verschiedenen Gesprächspartnern wurde uns nämlich klargemacht, daß dieses, wie wir meinten, großzügige Angebot zur Lösung des konfiszierten deutschen Eigentums in der tschechischen Öffentlichkeit falsch verstanden werden könnte. Schon allein das Wort ›Anteilscheine‹ würde das tschechische Mißtrauen sofort wecken, und viele würden sagen: Das ist wieder so ein Trick der Sudetendeutschen.«
Natürlich hat Dr. Thun-Hohenstein dem Staatspräsidenten Václav Havel keinen Vorschlag dieser Art zum bisher ungelösten Problem des ehemaligen sudetendeutschen Eigentums unterbreitet, sondern nur die Verzichtserklärung der Familie Thun-Hohenstein übergeben.
Und wie reagierte Václav Havel?
»Er nahm das Papier ruhig und freundlich entgegen«, sagt Dr. Thun-Hohenstein. »Mich hat dieser Augenblick stärker berührt, als ich erwartet hatte. In dem Moment, als ich die

schriftliche Verzichtserklärung dem Präsidenten übergab, fiel mir der Verzicht sehr schwer.«

»Dachten Sie dabei an Ihre Kinder, an Ihre Erben? Was werden sie Ihnen einmal sagen, wenn sie erfahren, daß Sie verzichtet haben?« frage ich.

Dr. Thun-Hohenstein erwidert: »Die älteste Schwester meines Vaters erzählt, daß sie in der Zeit der Vertreibung das starke Gefühl hatte: ›Nie mehr im Leben will ich mehr besitzen, als ich auf dem Rücken tragen kann!‹ Auch meine Generation, nach dem Krieg in Deutschland geboren, hat inzwischen die Erfahrung gemacht, daß es oft einfacher ist, durch das Leben mit leichtem Gepäck zu reisen.«

Der Psychologe Dr. Thun-Hohenstein sieht das Problem des Verzichtes, soweit er auch seine Kinder betrifft, sachlich: »Erstens handelt es sich gegenwärtig um einen Phantom-Verzicht, da von tschechischer Seite bisher keinerlei Ansprüche anerkannt worden sind. Zweitens möchte ich mit Vojtěch Jasný antworten, der in seinem Film ›Alle guten Landsleute‹ auf die Frage, was die Kinder eines Tages wollen werden, eine Frau antworten läßt: ›Die Kinder? Die wollen ja immer etwas anderes.‹«

Die Thun-Hohensteins haben – wenn auch nur symbolisch – mit ihrem Verzicht viel geopfert. »Was hofft die Familie mit dieser Geste zu gewinnen? Sind Sie und Ihr älterer Bruder Franz Fürst Thun-Hohenstein Idealisten, Träumer oder gar zeitgenössische Don Quichotes?« frage ich.

»Ich hoffe, daß wir Realisten sind«, erwidert Dr. Thomas Thun-Hohenstein. »Unser Großvater hat durch Taktieren versucht alles zu behalten – und er hat alles verloren, Heimat und auch Besitz. Unser Verzicht ist heute ein Versuch, einen wichtigen Teil unserer Familientradition in einer den Zeitumständen angepaßten Form weiterzuführen und uns wieder, wie schon im 19. Jahrhundert, für Ausgleich und Vermittlung zwischen Deutschen und Tschechen einzusetzen. Damit verbinden wir die Hoffnung, daß auch andere Vertriebene und ihre Nachkommen sich uns anschließen. Jeder – Deutsche oder Tscheche – muß vor seiner eigenen Türe kehren, wenn es um Schuld der Vergangenheit und um mögliche Formen der Wiedergutmachung geht. Was die Zukunft betrifft, so ist es unser beider Verantwortung, Vertrauen zu schaffen. Auch vor dem tschechischen EU-Beitritt hat unsere gemeinsame Zukunft schon begonnen. Wir sitzen jetzt schon in einem Boot, ob wir wollen oder nicht. Daher ist es nötig, daß wir das alte Kapitel so schnell wie möglich abschließen. Um eine neue Seite in unserer gemeinsamen Geschichte aufzuschlagen, ist aber die Voraussetzung, unsere Gefühle ernstzunehmen: seitens der Deutschen die Gefühle der Tschechen, seitens der Tschechen unsere Gefühle und unser Bedürfnis, unsere Liebe für die verlassene Heimat ernst genommen zu sehen. Vielleicht gelingt es uns gemeinsam, die vergangenen und auch die heutigen Vertreibungen, wie wir heute sagen ›ethnic cleansing‹, zu ächten. Vertreibungen bleiben immer ein barbarischer Versuch mit untauglichen politischen Mitteln menschliche Konflikte zu lösen.«

(Juli 1996)

Personen- und Ortsregister

Abbildungsnachweis

Alle Abbildungen aus dem Archiv des Verfassers

Das Schutzumschlag-Motiv zeigt die einst prunkvolle Mauer des Lebkowitz-Schlosses in Křimice bei Pilsen.